童門冬二ほか

人物日本剣豪伝 二

目次

人物日本剣豪伝〈二〉

序　剣豪らしい生き方

童門冬二

この巻では、林崎甚助・小野次郎右衛門・根岸兎角《とかく》・柳生宗矩《むねのり》・十兵衛・丸目蔵人佐《くらんどのすけ》・東郷藤兵衛重位《しげたか》・宮本武蔵の、八人が登場する。柳生宗矩を除いては、すべて、

「剣豪らしい生き方」

をした人物たちである。

「剣豪らしい生き方」

とは何か。

元禄年間に、俳聖といわれた松尾芭蕉は〝おくのほそ道〟を辿《たど》った。このとき、

「不易流行《ふえきりゅうこう》」

という有名な俳論を生む。不易というのは、

「どんなに時代状況が変わろうとも、変わらない真実、あるいは変えてはならない真理」

のことをいう。流行は、

「時代状況の変化に、的確に対応していくこと」

である。そしてそれが、

「光を放って、瞬時のうちに諸方に広がっていく」

ことを意味する。一見、このふたつは矛盾する。ところが芭蕉は、

「風雅の道においては、このふたつは同根であり、究極的には風雅のまことに帰一する」

と告げた。しかし人間によっては、この不易に力点をおくか流行に力点をおくかが違ってくる。

この巻に収められた剣豪たちは、ほとんどが、

「不易の真実」

を重視し、そのことに生涯を燃焼させた剣豪たちである。サマセット・モームというイギリスの作家が、『人間の絆』という小説の中で、次のようなことをいった。

「ペルシャじゅうたんの織り手にとって、たいせつなのはどんなじゅうたんを織り上げるかということではない。ましてや、その織り上がったじゅうたんがどう扱われるかということではない。たいせつなのは、織っている過程に、どれだけ自分の生命を燃焼させることができるかという、過程における白熱度が高いか低いかに最大の関心を寄せる」

この巻で扱われた剣豪たちはまさしく、

「自分の生命という糸で、自分の生涯を織り成していった人物たち」

といえるだろう。つまり、

「結果よりも、過程に力をそそいだ人びと」

といえる。しかしなぜそうなったのか。

この巻で扱われた、剣豪たちは、戦国末期から江戸時代初期に生きた人びとだ。戦国時代は、誰もが、

「武技によって一国一城のあるじにもなれる」

という夢を持っていた。だから、武技を磨いた。しかし、時代はまたたく間に変化し、戦国時代もやがて終了した。日本国は平和な時代に突入した。そうなると、武技というのはいってみれば、

「時代遅れの技術」

である。にもかかわらず、それを後生大事に抱える剣豪たちはこれもまたいってみれば、

「遅く生まれてきた人びと」

あるいは、

「時代遅れの人びと」

といえるだろう。にもかかわらずかれらは、当初志した「武技」を捨てることはしなかった。逆にいよいよこの技に執着して生き抜いた。まさにこれは、

「不易の精神」

の実行である。だからといってかれらは決して、

「激動する社会」

から身を避けていたわけではない。逆だ。むしろ積極的に激動する社会の中に身を投じて、

「その中で、いかに生きるか」

ということを探し求めた。この姿勢は、社会からの逃避ではない。老子思想のように、

「実社会から身を遠ざけて、自然の中で生きる」

というものでは決してない。むしろ逆に、

「実社会の中に身を投じて、自分の生きる場を求める」

ということだ。だから、社会と無縁に生きたのではなく、逆に社会との深いかかわり合いにおいて、自分の生きる道を模索しつづけた。

それは、別なことばを使えば、

「起承転結ではなく、起承転々の生き方を選んだ」

といえる。これは現在のことばでいう、

「生涯学習」

の態度だ。

「死ぬ日まで修業をつづける」

という道だ。したがって、一貫していえるのは、

「自分で自分を評価しない」

ということである。

「評価は他人のすることであって、それを意識せずに全身全霊を目前の修業に打ち込む。そこに生命燃焼のよろこびを感ずる」

ということだ。これは、

「人生にピリョウドはない。あるのは、ときにカンマだけだ」

という、

「生涯の自己路線の設定」

が一貫していることである。かれら剣豪は、なぜこういう境地に達し得たのだろうか。大きな理由がある。それは、かれらの共通して、

「武技によっては、一国一城の夢は果たせない」

という事実認識である。それは自分たちだけではない。戦国時代の最中に生きていた連中にとっても、実際に、この上昇志向を持つ若者たちが、

「武技によって、一国一城のあるじになった」

という例は、まったく発見できなかったからである。一国一城のあるじになったのは、

別な資質によった。はっきりいえばそれは、

「権謀術策の達人、戦略の名手」

である。武技などまったく役に立っていない。この事実に気づいたとき、剣豪たちは一様に苦笑した。まさしく、

「一国一城の夢は、幻想でしかなかった」

というきびしい現実を思い知らされたからである。が、剣豪の剣豪たるゆえんは、だからといって絶望したりあきらめるようなことはなかった。むしろそこを起点に、

「それならば、この現実の中で自分たちがめざした武技を生かしていこう」

という気持ちを持った。

「マイナスを転じてプラスに変える」

という能動的な姿勢である。

おそらくかれらにしても、武技を学びはじめた当初は、

「武技に練達することによって、立身出世したい」

という素朴な上昇志向があったはずだ。しかし、武技によって一国一城のあるじになる例がないことを次々と示されれば、しだいにこの夢に疑問を持つ。やがては、

「武技による一国一城の夢というのは、あり得ることのように、ひとつの錯覚を世の中に打ち立てたのだ」

と思うようになる。幻の楼閣はもろくもついえた。そこでかれらが一様にめざしたのは、

「自分なりに、武技から生まれるひとつの領域を創出しよう」

ということである。自分なりの領域の創出とは、

「他から、侵されることのない〝心の領域〟の創出」

である。このいわばサンクチュアリの創出が、それぞれの目標になった。ひたすらに、その聖域の創出に力をかたむけていった。その意味では、目標ははっきりし、微塵もゆるがない。その一途さが、周囲の人びとの胸を打つ。

戦国時代から太平の世に移るに従って、日本人はしだいに初心・原点を忘れた。武士も同じだった。戦国生き残りの老骨大久保彦左衛門がいみじくもいったように、

「いま江戸城で出世できるのは次のようなタイプの人間だ」

として、五タイプをあげた。
一　すぐ主人を裏切る者
二　口先ばかり達者な者
三　なんでもソロバン勘定《かんじょう》で物事を判断する者
四　武士の本分を忘れて、世渡り技術だけに熱心な者
五　すぐ転職してしまう者
などである。この風潮が武士を支配し、武士はしだいに、

「武士の初心」

を忘れていった。武士たちは、

一　きょうやったことはきょうすぐ褒《ほ》めてもらいたい

二　針ほどの功績を棒ほどに誇大に吹聴《ふいちょう》する

三　おれがおれがという自己主張を前に出す

四　基礎的な修業はいっさいしない。それに費やす時間と労力は、処世にそそぐ

五　これが自分の信念だと発表したことも、状況によってはすぐくつがえしてまったく

　　恥じない

というような傾向を強めていった。

この巻で扱われた剣豪たちは、この、

「浮薄な武士の風潮に対する、アンチテーゼ」

の唱え手である。しかしかれらはそのことを声を大にして叫んだわけではない。沈黙のまま、

「ほんとうの武士は、こういうものではないのか」

ということを、生涯修業の姿勢によって示した。それぞれが、

「自分の修業する剣法」

に依拠して、それぞれの〝心の聖域〟を創出していったのである。このことはかれらが

決して、

「遅れて生まれてきた人間」

でもなく、また、

「時代遅れの武技にしがみついている化石あるいはレトロ」

でもないことをはっきり示している。かれらこそ、

「時代の前を歩いていく存在」

であった。多様な〝心の聖域〟の創出によって、

「これがほんとうの人間の生き方ではないのか」

ということを示した。したがって、目まぐるしく変わった日本の社会状況においては、かならずしも成功者とはいえない。わずかに、柳生宗矩が立身した。しかし宗矩の立身は、かならずしも剣技によるものではない。将軍家指南という建て前は保ったが、実際におこなったことは、

「徳川幕府内におけるオンブズマン的役割（大目付）」

である。その位置に達するまでに宗矩が発揮したのは、決して武技ではない。むしろ政略である。

ほかの剣豪たちは、それぞれが、

「自分が創出した、あるいは選択した剣法」

の展開によって、

「どんなに時代状況が変わろうとも、人間が保つべき不易の精神」

を示しつづけた。それは、戦国時代に流布《るふ》していた、

「武芸による一国一城の夢の実現」

が、まったくの幻想と錯覚であったことを示し、同時に、

「真の武芸者の生き方」

の手本を示したのである。そのひたむきな一途な生き方は、同時代の多くの人びとの胸を打ち、それだけでなく後世の現在までにも伝わっている。この剣豪たちが生きた時代は、まさしく現代の時代相に酷似《こくじ》している。心ある人びとにとって、これらの武芸者、剣豪たちの生き方はそのまま、

「自己の中にある不易性」

の確認であり、それがまた、

「自分も生きていていいのだ」

という確認と自信をあたえることになるのではなかろうか。

剣豪とその時代

——戦国末〜江戸初期編

戸部新十郎

師弟関係の成立

『夕雲《せきうん》流剣術書』は、針谷夕雲《はりがやせきうん》の弟子である小田（出）切一雲が、貞享《じょうきょう》三年（一六八六）に著したものだが、師夕雲の言として、戦国末から徳川時代初期にわたる兵法の経過につき、このように述べている。

「永禄（一五五八〜一五七〇）・天正（一五七三〜一五九二）のころは、兵法はさほど世にはやらなかった。そのわけは、天下が乱世だったので、武士たちは休む暇もなく、甲冑《かっちゅう》をつけて戦場を往来し、太刀打ちや組打ちをこととしなければならなかったからである。

もっとも、何度も戦場を体験し、実地でひとりでに敵に打勝つ道理を会得し、当世の秘伝とか極意《ごくい》を得たという連中より、なおたしかな腕前の者も少なくなかった。しかし、兵法を進んで習う暇もなく、運を天にまかして出陣するのが実状だった。

やがて、世の中が静謐《せいひつ》になって干戈《かんか》（戦《いくさ》）がやみ、天下の武士たちはみな、安《あん》閑《かん》と居眠りするようになり、戦場でじかに兵法を身につけることもできなくなった。そこで、懇意な仲間たちと、木刀や韜《しない》で互いの了簡を合わせ（あらかじめ打太刀《うちだち》・仕太刀《したち》に分れて）、勝つ道理を研究し、兵法稽古に励むのが武士の嗜《たしな》みとなった。

とくに、暇のある浪人たちが朝夕、工夫をこらして鍛錬《たんれん》し、巧者はその道の師匠となって、人に教授したりした。こうして、しだいに兵法者が増え、流儀もまた多く起こったのである」

まさか本当に居眠りしていたわけではないだろうが、暇ができたこと、つまり世の中が泰平になったから、兵法が発達したというしだいだ。闘うための兵法としては矛盾するようだけれど、見方を換えれば、兵法が〝術〟から〝芸〟へ移行する時期と考えていい。

芸はなんによらず、それぞれの術技を抽出し、純化して追究するものだが、自然、規格化され、体裁化されていくのは仕方がない。『免兵法之記』（藤原敬信著）には、

「まずもって、流儀の建《たて》を守る心得専一に候」

とある。〝建〟とは、掟《おきて》ないし法式のことだ。兵法習得の当座は、とにかく〝建〟を守り、師匠の型を真似ることに専念しなければならない。そのあまり、実戦のための術技という本来の目的に、そぐわないことだって起こる。

よく引合いに出される話だが、福島正則《まさのり》の家来に、可児才蔵《かにさいぞう》という者がいた。隠れもない豪傑で、戦場で敵首をあげること数知れず、その槍働きは有名だった。その才蔵が、さらに腕を磨くため、槍の宝蔵院《ほうぞういん》に入門し、槍術を習った。すると、案に相違して、以後の戦場では手がちぢこまり、思うように働けなくなってしまった。

悩んだ才蔵は、師の宝蔵院にただすと、
「いまだまことの兵法に達していないからだ」
と答えた。そこで才蔵は改めて修行を積み重ね、やがて天下一の巧者になったという。

これはまあ一種の兵法譚《だん》である。が、実地で闘争術を自得し、それこそ当世の兵法者以上にたしかな腕の持主だったろう才蔵が、槍術を習うことによって、〝建〟に固執し、ついつい自由闊達《かったつ》に振る舞うことができなくなったというのが面白い。

〝建〟を守るということは、明確な師弟関係の成立を意味する。かつてのように山野を駈け、立木相手の独り稽古をし、廻国修行に出かけるといった兵法修行の風俗が薄れ、兵法を志す者はみな名のある兵法者のもとに入門した。そのなかで、型に精通し、熟達した者を、本来の強弱にかかわらず、名手といい、達人というようになるのである。

一方で、兵法の普遍化がもたらされた。各流派は当初こそ自流を秘密性で覆ったが、しょせん兵法とは、限りある人間の肢体《したい》の運動であって、それほど突飛《とっぴ》な術技があろうはずがない。修行風俗もほぼ同じだし、多少の理合《りあい》の相違や得物《えもの》の差を超えて、共通の土壌ができた。つまり、兵法者が兵法者としての世界をもったわけである。

さきの可児才蔵に、仕合を申し込んだ者があった。仕合当日、待ち受けていると、才蔵は具足姿で差物をさし、若党に鉄砲をもたせたり、槍を立てさせたりして、総勢二十人ばかりでひた押しに押してきた。相手は当惑して、

「手前の所望はかような仕合ではない。一人対一人の槍仕合である」

というと、才蔵は笑って、

「われらが仕合は、いつもこの通りである」

と答えたという。（『異説まちまち』）

見ようによっては、一徹素朴な古武士の味がしないでもないが、これはどだい、仕合というものではない。いかに勝ち負けを争うといっても、ルールや土俵を無視されては、一定のしきたりのもとで修行した兵法者にとって、たいそう困ることなのである。

兵法伝授の方法

すでにお気づきのように、芸としての兵法が、師弟関係を結び、法式に従いつつ術技を追究し、道統《どうとう》を守るというかたちは、とりもなおさず〝兵法の家元《いえもと》化〟とよんでいいだろう。そのもっとも特徴とするところは、「目録相伝・秘事伝授」とい

うことである。伝授というしきたりは、以前から諸芸道に行われていた。有名な古今（和歌集）伝授をはじめ、笛、箏《そう》（こと）、平曲《へいきょく》（平家物語を琵琶の伴奏で語るもの）などの音楽や書道のほか、吉田神道《しんとう》（京都吉田神社でおこった唯一神道）にも切紙《きりかみ》伝授（切紙に記した免許目録の伝授）のことがあった。

兵法伝授もまた、兵法勃興《ぼっこう》の足利末期から行われていたようである。中国の『武備志』に載る新陰流目録は、永禄年中に何者かが何者かに与えた伝書だろうし、『言継卿記《ときつぐきょうき》』の元亀二年（一五七二）の項には、上泉伊勢守が将軍以下に、兵法軍配を相伝したという記事がある。が、芸としての兵法の発達を見るこの期から、いよいよ盛行するのはいうまでもない。

『剣道の発達』（下川潮著）によると、兵法の伝授には、術技の伝授・口《く》伝・書伝の三つがあった。術技の相伝が兵法伝授の根本であることはもちろんで、なかなか厳粛な儀式だったらしい。

〝術技相伝〟は、目録クラス、免許クラスなど被相伝者の程度に応じて行われるが、当日は師弟ともども斎戒沐浴《さいかいもくよく》し、とくに免許皆伝の場合は、二十一日間の潔斎《けっさい》をし、身を清めて出席しなければならない。式場には流祖以下、先師の画像を掲げて神酒を供え、師弟ともに拝したうえ、神前で師匠が弟子に対し、

「そのほう、平素より修行熱心により、本日何々（目録ないし免許）の相伝をなすべ

し」と申し渡し、直ちにシナイまたは木剣を執って、型の相伝をし、ついで神酒を汲み交わして祝盃をあげるのが例だった。

このさい、弟子から師匠に対し、起請文《きしょうもん》・誓紙《せいし》を差出し、あるいは神文帳に記名血判をした。将軍・大名もそうで、文禄三年（一五九四）、柳生宗厳《むねとし》に師事した徳川家康も誓紙を差出している。内容は、

一、新陰流兵法を相伝えること。

一、印可《いんか》なき間は、親子といえども他言しないこと。

一、師家（柳生）に対し、疎意なきこと。

の条々で、諸流もほぼ変わりはない。なお、相伝式にさいしては、主君といえども、臣下の師に上座を譲ったものである。

そしてこの日、被相伝者は、師匠に対し、神酒料または謝礼として、金銭を贈った。これは兵法以外の伝授も変わりなく、それ自体、家元化の証拠といえるかもわからない。〝口伝〟は文字通り、口づてに伝授する奥秘《おうひ》のことである。禅門に面授の口訣《くけつ》ということがあるが、同じ意味だ。

古い伝書によく、「ここのところ口伝」とある。術技の要点や機微を、口伝えに伝えるわけである。その趣旨は、本人にのみ伝え、他見他言を許さないところにあ

るのはいうまでもない。そうかといって、まったく文字に書かれなかったわけではない。〝口伝書〟ないし〝口訣書〟という口伝の解説書のようなものがしるされるようになった。むろん、奥秘に達し、口伝も受け得る者にのみ、伝書として授けたのである。〝書伝〟はこれまた文字通り、口伝書などの書をもって伝えるものである。現在でもときどき見られるのは切紙目録だろう。その形式は、被相伝者が習得した術名を列記し、流祖以下の伝系が書かれてある。いわば修業証書のようなものである。

一見したところ、単なる術名の羅列で、無価値のようだけれど、『剣攷《けんこう》』（松浦静山著）には口伝と比較して、「兵法において、流祖の精神を極めようとすれば、術名によるほかはない。口伝は直接の師からの口授《こうじゅ》であって、流祖の意が必ずしも正確に伝わっているとは限らない。対して、術名は流祖の創始した真面目《しんめんぼく》を、そのまま伝えている」と述べている。

伝授のしだいはざっとこのようなもので、みだりに人に伝えず、またみだりに書伝させず、あくまでも秘事とされたが、それにつき、『鍋島秘書』の〝殺人刀之条〟には

「道は秘するにあらず、秘するは知らさんがためなり。知らざれば書なきに同じ」

とある。これは『風姿花伝書』の「秘すれば花、秘せざれば花なるべからず」と

いうことと同意だろう。

ところで、柳生十兵衛三厳《みつよし》は面白いことを書いている。秘事伝授に三通りあり、一つは〝義理許《ゆるし》〟といって、主人筋や義理ある人、その他の情実により授けるもの、二つは〝金許〟といって、未熟であるにもかかわらず、金銭によって授けるもの、三つは〝術許〟といい、腕前相応により授けるもの、であるという。伝授というものの一面を衝《つ》いているかもわからない。

シナイと道場の発達

稽古の方法も変わってきた。まずシナイである。

こんにち使用されている四つ割竹のシナイが出現したのは、後世の正徳年中（一七一一〜一六）のころだが、それにつれて直心影《じきしんかげ》流の長沼四郎左衛門国郷《くにさと》が防具を改良し、ついで宝暦年中（一七五一〜六四）に、一刀流の中西忠蔵子武《たねたけ》が工夫を加えた防具でシナイ稽古を採用したので、広く一般に行われるようになったといわれている。

このころは袋ジナイである。丸竹に柄《つか》の部分をそのままにし、先を細かくささらに割り、革や布の袋で包んだものだった。その考案者は、上泉伊勢守秀綱だと伝えられる。それまでは、稽古は木剣をもって師に型を学び、仕合となると、木剣あるいは真剣で立ち合った。仕合とはいいながら、これでは生死を賭けた果し合いのようなもので、じじつ、仕合で命を落としたという記録が少なくない。

伊勢守はこうした無益な死傷をなくし、稽古のさいの怪我を防ぐため、シナイを発明したのである。シナイは稽古法それ自体にも有益だった。木剣では体の寸前でとめねばならないが、シナイなら思い切り、太刀筋のまま打つことができるからである。

伊勢守一門はみなそうで、疋田豊五郎《ひきたぶんごろう》や丸目蔵人佐《まるめくらんどのすけ》らは、このシナイをたずさえて諸国修行に歩いた。豊五郎には『廻国日記』という記録が残っているが、丹後吉坂、美濃大垣、武蔵岩付（岩槻）、伊賀上野、大和松山の五箇所で立合った相手もまた、シナイをもって対したことがしるされている。

もっとも、むかしの達人はシナイをどのように遣《つか》ったものか、もの凄《すご》い記録がある。『甲陽軍鑑《こうようぐんかん》』には、

「前原一学という達者は、紙縒《こより》を長押《なげし》に唾《つば》で張って吊し、シナイでもっていくつにも切断した。また兜《かぶと》を、同じくシナイで打ち砕いた」

とあり、また『先師口授』には、寛文年中（一六六一～七三）のこととして、

「ある日、甲冑をつけた偉丈夫が小田切一雲のもとへやってきて、先生にシナイで

打たれると耐えがたいと聞くが、試しにわれを打って見よ、といった。一雲はそこで、弟子の真里谷義旭《まりやつぎきよく》に命じて打たした。すると、かの甲冑をつけた偉丈夫は、木蔭へ行って血反吐《ちへど》をはいた」という話をのせている。

これでは、シナイも命がけといわねばならないが、そんな達人はざらにはいまい。それに、不確かだが、防具も用いたらしい。馬庭念流《まにわねん》では、こんにちも座布団のようなものを頭にくくりつけたり、大きな手袋のようなものをはめたりして稽古する。そのようなものが用いられたのだろう。

いずれにしても、シナイが多く使われるようになった。そのほうが芸の広がりに役立ち、興味を増すことはじじつだが、そのあまり、やがて術技を複雑にし、外観の美を誇り、巧妙をてらうこと、いわゆる〝華法剣法〟につながっていくのである。

道場も建てられた。記録上は寛永年間（一六二四〜四四）のことである。それまでの道場、というより稽古場は野外である。社寺の境内や屋敷の敷地に、砂を撒き、四方に鹿垣《ししがき》を結いめぐらしただけのものだった。

当初はむろん、土間に屋根を設けたものや、広間の畳をあげた程度だったただろうが、しだいに板敷のものに変わってきた。こんにち、故態をとどめる道場としては、香取神道流《かとりしんとう》の飯篠《いいざさ》道場（江戸中期・十二坪）、甲源一刀流の逸見《へんみ》道場耀武館（文政・十二坪）、馬庭念流の樋口道場傚士館《こうしかん》（慶応・五十二坪）などがある。

儆士館はまずまずとして、ほかはいたって手狭である。それでも、これらによって往時の道場の形態を、おぼろげながらでもうかがうことができる。飯篠道場などは、後方の武者窓は高く、居間に通ずる障子は、閉めれば外部と遮断できる。これは秘術を盗み見されないための江戸初中期の典型的道場の形式であるそうだ。そのような道場が、つぎつぎ建てられた。

板敷の床はそして、シナイ稽古と無縁ではない。床を踏むときの弾みや響き、シナイの触れ合う音や掛声の反響、それらはいかにも兵法稽古の快い実感を与えてくれるものである。

古い記憶だが、戦時中のいっとき、実戦に備えてよく野外で剣道稽古をさせられた。それはなんの妙味もないばかりか、単に体力・腕力のある者が、いたずらに強く、剣道はやはり道場で行うべきものだと思ったことだった。

この期の兵法は芸である。当然、芸を容れる道場剣法が喜ばれ、盛っていったのである。

諸剣士の輩出

いっぽう、そんな風潮を尻眼に、兵法本来の打ち勝つべき術技習得に精進した特異な剣士たちが輩出していた。まず、居合いの林崎甚助重信《はやしざきじんすけしげのぶ》がいる。

居合いはだいたい、立合いに対する言葉である。抜刀術ともいうが、不意の敵の攻撃に対する技で、一瞬をおかず抜刀し、敵に乗ずる隙《すき》を与えない。つまり、抜き放つまでの鞘《さや》放れの技であり、立合い勝負を予定しない。それゆえよく、「勝負は鞘のうち」といわれる。

至極《しきょく》の境地はそして、刀を抜かぬことにある。それはまた相手に抜かせぬことで、そのために、常日ごろ相手を立て、礼節を重んじ、柔和な心で人に接しなければならない。居合道歌に、

「居合いとは人に斬られず人斬らず　己《おのれ》を責めて平らかな道」

というのがあるが、それでもやむを得ない場合のとき、はじめて一颯《いっさつ》の剣で敵を倒す。

これはまあ、居合いが居合道として確立してからの論理で、当初はとにかく機先を制し、抜刀とともに、一撃で倒すことにあっただろう。思えば、武士は吊る太刀から、差す刀に変わっている。この腰間の刀を、素早く抜きつける法を考えるのは、むしろ自然な成行だったというべきだ。

甚助はっとに気づき、奥州林崎明神（現、山形県村山市）に参籠《さんろう》して、抜刀の妙《みょう》旨《し》を得たという。そのための長柄を工夫するなどして、ひとつの兵法芸にまで高め

たのである。

薩摩の東郷肥前守重位《しげたか》（流儀では重んじて、チュウイとよぶ）もまた凄《すご》い。かれの創始になる示現《じげん》流は、上段・中段・下段といった構えはない。八相の構えひとつで、それも天をつくばかりに腕を上げ、裂帛《れっぱく》の掛け声もろとも、左右交互に斬撃していく。

その稽古は、防具をつけた二人が、相対して得物を揮《ふる》うわけではない。ユスという木を適当の長さに切ったものを木剣がわりにして、やたらと立木打ちをやる。太刀行きの速さと気力の充足を練るもので、受けもかわしもしない。ひたすら攻撃に出て、皮を斬らせて肉を斬り、肉を斬らせて骨を断つ。

示現流をたしなんだ薩摩の士は、鳥羽伏見の戦いで抜きつれて斬り込んだ。あとに残った死体は、袈裟《けさ》掛《が》けにヘソのあたりまで斬り下げられ、あるいは鍔跡《つばあと》が額にめり込んでいる、というむごたらしさだった。

西南戦争でもしかりで、官軍側の記録に、「猿叫ノ吶喊《とつかん》ヲ発シ、抜刀」などとあり、猿の叫びに似た掛け声とともに斬り込んでくるさまを、畏怖《いふ》しつつしるしている。

これは香取神道流に発するが、当時九州に盛行し、かつ重位自身も学んでいた丸目蔵人佐長恵《ながよし》のタイ捨《しゃ》流を加えて創始された。蔵人佐は朴直一徹の士で、その流儀

は、『撃剣叢談』によると、

「前後縦横に飛びめぐり、切り立て、薙《な》ぎ立てするやり方なり。甚《はなは》だ奇なり」

という。示現流の祖のような気がする。いずれにしても、豪快直截《ちょくせつ》、独歩の剣である。

作州《さくしゅう》（美作《みまさか》、あるいは播州《ばんしゅう》ともいう）の片田舎から、宮本武蔵が登場してくる。この傲岸《ごうがん》不屈、野性味豊かな男は、たぶんこの期最強の剣士だっただろう。

これとほぼ同年で、百二十余歳まで生きた渡辺幸庵という人物の残した『対話』のうち、宝永六年（一七〇九）九月十日の項に、こうある。

「自分は柳生但馬守宗矩《むねのり》の弟子で、免許印可もとった人間だが、ここに宮本武蔵という者がいる。自己流で兵法を練磨して、名人になった。但馬守と較べるなら、碁で例えれば、井目《せいもく》も武蔵が強い」

武蔵が宗矩に九子も置かすというのである。まるでプロとアマの差だ。武蔵自らもまた、その自著『五輪書《ごりんのしょ》』で、六十余度の立合いで、一度の不覚もとらなかったと誇る。

この有名な剣士の詳述は避けるが、武蔵非名人説をとなえた直木三十五《さんじゅうご》の文言に触れておかねばならない。直木は『上泉伊勢守と宮本武蔵』（昭和七年・文藝春秋誌）で、

「仕合において誇るなら、天下第一の人と仕合して、打ち勝つことである。当時江戸には、江戸子守唄の中に〝剣術幕屋《まくや》、薬は外郎《ういろう》〟とうたわれていた幕屋大休、小笠原源信斎、紙屋頼春、庄田喜左衛門、針ヶ谷夕雲、小田（出）切一雲、小野・柳生をのけても、名人が揃っていた。この人々の一人とでも仕合をして、見事に勝ったのなら、私はえらいという。だが武蔵は仕合をしていない」

といっている。

当時とはいったいいつを指すのかわからない。かりに寛永初年ごろとすれば、源信斎は老齢、夕雲は未熟、大休は弱年、一雲にいたってはまだ生まれてもいない。なにも名人、達人たちがよりどりみどりで揃っていたわけではないのである。壮気の剣士といえば、紙屋頼春（伝心斎）ぐらいだっただろうが、かれは武蔵が名人であるかどうかで同輩高橋某と口論し、ついには二人が立合うにいたったという話がある。どうやら武蔵の出現で、名のある剣士たちは、一種の恐慌をきたしていたらしい。

そうでなくても、かれらは道場経営者か、諸侯から知遇を受けている者たちである。一介《いっかい》の野人と闘ってなんの得もない。つまりはかれらのほうで武蔵を避けたと思わねばならない。だいいち、直木が強豪としてあげる塚原卜伝《ぼくでん》にせよ、伊藤一刀斎にせよ、どこのだれと闘ったかは、すべてわかっているわけではないのである。

いずれにせよ、武蔵の六十余度の無敗は記録であり、稀代《きたい》の剣士といわねばならない。

〝芸〟から〝道〟へ

さて、この期の代表的剣士といえば、後世への影響も含めて、新陰流の柳生但馬守宗矩《むねのり》と、一刀流の小野次郎右衛門忠明《ただあき》だろう。ともに将軍家指南だったが、二人の兵法観はいちじるしく対照的だった。忠明は兵法をあくまでもじっさいに役立つべき術ととらえており、一刀流の『極意々秘密伝書一子直伝』に、忠明が家康から兵法の道を尋ねられたときの答弁がのっている。

「一刀流と申しても、別に変わった流儀ではない。先師一刀斎が、度々の仕合で相手を斬り殺すうちに、何度も技の利害を考え、そのなかで心に叶《かな》ったものを選び、諸人のためになるべきものを極意としたものが当流である。それゆえ、一子相伝の太刀（型）といえども、心に叶わぬものは、他流のように後世に伝えるようなことはしない。昔ふうの荒けずりの流儀とご承知あって結構である。当流は、他流のように打太刀と仕太刀が約束ごとで打ち合ったり、飛んだり跳ねたり、あるいは扇や箒《ほうき》で相手に勝つような素人受けする風流なものではない。隼《はやぶさ》が小鳥を獲《え》るように、摑《つか》めばそのまま喰うような流儀だから、他流と較べれば、卑しい田舎兵法とでもいえようか」

たいそうそっけない。狷介剛情《けんかいごうじょう》はかれの性格だが、兵法は元来、何流によらず敵を斬り倒すのが目的である。敵を斬るのに別段、変わった斬りようがあるわけではないから、変わった流儀でないといっているのは本音だろう。華法に流れがちの風潮に対し、あるいはもしかして家康お気に入りの柳生新陰流に対し、皮肉をこめていたかもわからない。

また将軍秀忠が、なにかのおり、兵法についての自説を述べたとき、

「とかく兵法と申すものは、腰の刀を抜いての上でないと、論は立てられません。座上の兵法論など、畠の水練の如きものです」

と不遠慮に言上し、不興をかったこともある。その忠明は、宗矩に対し、

「ご子息たちが上達する法がある。それは罪人のうちから腕利きの者を貰い受けて真剣をもたせ、これを相手にして斬り捨てさせることだ」

と、口癖のようにいっていた。そのたびに宗矩は、「いかにもいかにも」と挨拶だけして、いっこうに実行しなかったそうだ。宗矩はすでに、兵法とは人を斬るだけのものではないと悟っていたのだろう。

兵法としての新陰流の特色は、まず甲冑武者の闘法がむねとしていた剛力《ごうりき》や早業《はやわざ》

に頼らないことだった。人間あるがままの自然の法則に従い、斬り合いの合理性の上に立つ技である。敵を圧倒し、その動きを封じて勝つ、いわゆる〝殺人刀〟ではなく、相手を充分に働かせその働きによって勝つ。いわゆる〝活人剣〟である。やがては〝無刀ノ位〟にまで高められていくが、それを補って力のあったのは僧沢庵《たくあん》だった。沢庵は兵法において、人間の精神の養成が、もっとも重要な要素だとし、仏法の理によって説いた。かれの『不動智神妙録』には、それらの言葉が並ぶ。たとえば、〝諸仏不動智〟というのがある。

ものを見ても、心をとどめないのを不動という。ものに心がとどまれば、もろもろの分別が胸に浮かび、心が動揺する。たとえば、相手十人が、おのれ一人に対し、一太刀ずつ斬りかかるとする。これを一太刀受け流し、あとに心をとどめず、あとを捨てて立ち向えば、相手十人に対し、十人ながらこちらの働きを発揮できる、といったものだ。

この剣禅一如の精神養成を、柳生流では〝心法〟という。同流は江戸と尾張に分れたが、将軍と大名だけを指南する江戸方では、とくにこの心法を中心に置いた。それはそのまま治政につながるものだったし、兵法の求める〝道〟だったからだ。

沢庵はいっぽうで小野忠明に『大阿記《だいあ》』と題する兵法論を与えている。要点はこうである。

「およそ兵法は、勝負を争うものではない。強弱を較べるものでもない。一歩を出ず、一歩を退かず、敵とおのれとの区別にとらわれず、心を自由、空虚にして、反射的に一瞬にして功を得べきだ。だから達人は刀を用いずして人を殺し、また心を活かす。生殺自在である。この境地は、常住坐臥の修行のうち、おのずと悟ることができよう」

果して忠明には理解しようという気があったかどうかわからない。が、兵法はしだいに〝芸〟から〝道〟へと変遷していくのである。

林崎甚助

童門冬二

居合い開眼

たちまち林の隅に追いつめられた。こんな経験は、林崎甚助《はやしざきじんすけ》にとってはじめてだった。強い。強い、というより、甚助はまだ刀が抜けない。抜けないままに、ダダッと凄《すさ》まじい気迫で追いつめられたのだ。

「待ってくれ！」

思わずそんな叫びがのど元までこみあげた。が、のみこんだ。そんなことを叫べば嘲笑《わら》われる。

相手は行きずりの武芸者だった。路上ですれちがうとき、

「やるか？」

ときいた。甚助は、

「やってもいい」

と応じた。相手は先に立ってこの林へ案内し、

「試合は他人に観《み》せるものではない。ちかごろは観せもの試合が多い。中には見物料をとる奴もいる。言語道断だ」

といった。

「それには同感だ」

うなずきながら、甚助が支度をしにかかったとき、相手はすでに抜刀していた。

「行くぞ！」

そう声をかけると、いきなり切りかかってきた。びゅっ、びゅっと宙を切る剣尖《けんさき》には、男の鋭い意志がこもっていて、まるで生きもののようだ。立木を巧みに利用している。林の中に誘いこまれた理由がわかった。名も名乗らない。だけでなく、甚助に刀を抜く隙《すき》も与えなかった。予定の行動だった。

（しまった）

胸の中で叫んだがおそかった。切り立てられた。右に左に躱《かわ》したが、男はそれを許さない。林の果ては沼だった。青い藻が岸辺いっぱいに浮いている。

（せめて刀を抜かせろ）

そういいたかったが、この時代、そんなことは通用しない。切り立てられ、切り立てられて、甚助はついに進退に窮した。沼の際《きわ》まで追いつめられた。

そして、そこに張っていた大きな欅《けやき》の木の根に足をとられた。下半身の均衡がくずれ、よろめくのをこらえた途端、姿勢に無理が生じた。辛《かろ》うじて上半身のかまえを保つために、甚助は思わず尻餅をついた。尻で地に坐ってしまったのである。何ともさまにならない姿である。

ぺたんと坐ったその姿勢は、無防備で、いかにも隙だらけだ。相手もそう思ったのだろう、うすい笑いがその口辺に浮かんだ。

（してやったり）

と思ったのにちがいない。とどめの一撃を加えるべく、男は大刀を右脇に立てて八相にかまえた。甚助はかくごした。

（こういう死に方もあるのだな）

と観念した。尻が地についてしまっているせいか、一切の怖れが尻を伝って地の中に吸いこまれた。妙な虚脱感がおそった。胸の中が真空になった。頭の中も真空になった。眼前に、大刀をふりおろしてくる相手の顔が見えた。

途端、何の意志もなく、右手が自然に刀の柄《つか》に走った。そして相手が刀をふりおろす前に、甚助は抜刀し、横にはらった。ずんと鈍い手ごたえがあり、胴を裂かれた相手は、大刀をにぎった手を大きく宙に突きあげて、悲鳴をあげながら、紙人形のように舞った。音を立ててそこに倒れた。その響きが、ぺたりと地についた甚助の尻に伝わった。

「…………!?」

甚助は信じられなかった。こんな闘い方はかれ自身もはじめてだった。意志をはなれて、手が勝手に動いたこともかつてなかったし、第一、尻が大地にぺたっとついた姿勢の、この頼りなさは一体何だろう。

そして、その頼りなさの中から生まれたあの虚脱感は何だろう。それは、真空地帯を浮遊するような、そんな無重力感だった。

その無重力感の中から、いまの刀法は生まれた。刀法というより、抜刀術だ。それも、こっちから打って出る抜刀術ではない。追いつめられて、窮地から逆襲した守勢の刀法だ。

「立ち合わずに、坐って応戦したのだ……」

地に横たわって、ゴボゴボと、血を噴き立てながら、まだ呼吸している旅の武芸者の顔を凝視しながら、甚助は、直前に自分がとった刀法を、しきりに吟味した。そしてこうつぶやいた。

「きょう発見したおれの刀法は、立合いではない、居合いだ」

それは、すべて夢であった。慶長三年（一五九八）九月十五日のことである。林崎甚助は五十五歳だった。

謎に包まれた生涯

林崎甚助重信の生涯は謎に包まれている。山形県村山市にかれを祀《まつ》った神社がある。社《やしろ》の名を〝居合神社〟という。昔は林崎明神といった。林崎は地名だ。奥羽本線の楯岡《たておか》駅で降りて、北方約三粁《キロ》のところにある。楯岡からは江戸時代の北方探検家最上徳内《もがみとくない》が出ている。寛政十年（一七九八）に、近藤重蔵といっしょにエトロフ島に渡り、「大日本恵登呂府」という標柱を建てて、千島が日本領土であることを宣言したのは有名である。

楯岡には楯岡城があり、足利《あしかが》支流の斯波兼頼《しばかねより》の曽孫満国が、十五世紀はじめに築城したという。江戸初期には斯波《しば》氏が改姓した最上氏の流れ、義光《よしあき》の弟光直が封じられたが、最上氏はその後改易《かいえき》され、この土地は天領になった。以来、楯岡は羽州街道の宿場町として栄えた。

林崎明神は、古くから武芸者の尊崇を集めていて、ここを通過する新庄《しんじょう》・庄内・秋田などの地域の武芸者は、かならず参詣した。〝居合神社〟と改称したのは、林崎甚助が居合いの術を発明し、かれを祀るようになってからだ。

甚助が林崎と名乗ったのは、この地の地名を姓にしたことになる。ひとつの物語が現地に残っている。

甚助の父は浅野数馬重治といって、はじめは足利十二代将軍義晴に仕えていた。武術ではなく、儀式や典礼の師範としてである。やがて出羽国にきて、楯岡城の城主最上氏に仕えた。ここでも、儀式・典礼の師範を職とした。

最上氏の祖は、足利尊氏《たかうじ》に按察使《あぜち》（行政の監察官）に任じられた斯波《しば》氏だから、東北の地にあっても、そういう都風の気風を守っていた。その最上家でたまたま、大法要があった。この法要の方法で一悶着起こった。というのは、数馬の就任前に、最上本家（山形城主）に、同じ儀式・典礼の師範で、坂上主膳という男が仕えていた。そこで、この主膳と、甚助の父数馬との間に争いが起こった。

争いの元は、主膳は周防国《すおうのくに》（山口県）の大内氏に仕えたことがあるので、その流儀は、「朝廷風」であり、数馬のほうは、足利将軍に仕えたから、「将軍風」である。「どっちがいいか」ということが論議された。結局、「最上家は足利家の流れなのだから、将軍風にしよう」ということになって、数馬が採用され、主膳は退けられた。主膳は数馬を恨《うら》んだ。

それに、主膳はかねてから数馬の妻（甚助の母。楯岡城主家臣高森某の娘。美人で有名だった）に横恋慕していた。主膳は数馬を闇打ちにし、そのまま逐電《ちくてん》した。悲嘆にくれる母は、六歳の甚助（このころ民治丸、あるいは民治といったという）に、父の仇討を命じた。

甚助は東根二郎太夫について剣術の修行をはじめたが、どうもはかばかしくない。そこで、母とともに林崎明神への祈願に入った。やがて明神が夢に現われ、

「柄《つか》の長い刀が有利だぞ」

と教えてくれた。これにヒントを得た甚助は、長柄の刀をつくった。十八歳の日に元服し、元服と同時に、姓を浅野から林崎に改めた。そして、二年後にみごと坂上主膳を討ち果たした。主膳を討った場所は京都だ、ともいうが、はっきりしない。国に戻った甚助は、主膳を討ったときに使った刀を、林崎明神に奉納した。

が、この物語は、甚助の行動の各節目《ふしめ》での年月にかなり隔りがあり、早くいえば、年齢

と事蹟が合わない。そのため、俗説とされている。

林崎流の系譜

もっと凄まじい物語がある。凄まじいというのは、林崎甚助は執権北条泰時《やすとき》の第二子だ、とする説だ。甚助は父の命で奥羽二国の守護を命ぜられ、伊達《だて》郡に住んだ。ここで兵法を研究し、あるとき、楯岡の林崎明神に祈願して百日目に、根元居合い剣法を発明した、という話だ。が、この話も誇張が過ぎ、年代的にもおかしい。

現在、一応定着しているのは、甚助は、天文《てんぶん》十四年（一五四五）だか十七年だかに、相模《さがみ》（神奈川県）に生まれたのではないか、という説である。

漂泊修行生活を送り、文禄四年（一五九五）五月十日から慶長七年九月十五日までの七年間、武州一の宮の社地に住んだ。そして、陰陽《いんよう》開合の理による抜刀術を発明した。再び諸国遍歴の旅に出て、元和《げんな》二年（一六一六）二月二十八日、川越に甥の高松勘兵衛を訪ね、約一年半、ここにいた。すでに七十三歳である。そして、その後、奥州遍歴の旅に出、そのまま消息を絶ってしまった。

もし、林崎明神のそばに住んでいたのなら、明神をつぎつぎと拝みにくる武芸者たちの評判にならないはずはない。ある程度の事蹟は語りつがれたはずだ。それがまったくない、というのは、実にふしぎな剣豪である。

ただ、かれが生まれたという天文年間から、消息不明になる元和三年までの七十三年間は、まさに日本の激動期であった。戦国時代、安土・桃山時代を経て、徳川時代の初期に入っている。日本の新時代のリーダーとして、織田信長、豊臣秀吉、徳川家康の三人が醸成した社会を、林崎甚助はすべて生きぬいたといえる。かれが消息を絶ったころ、徳川家康が死んだ。

家康は、「元和偃武《げんなえんぶ》（武器を倉庫に蔵《しま》う）」によって、今後、日本では内戦を起こさないことを宣言した。世の中は平和な農業経済社会になる。戦争が仕事の武士は徒食者になった。この徒食者の間でブームとして起こったのが、武芸だ。この期、武芸は武士にとって、異常に成長したレジャー産業であった。

また、幕府が実施した各階層の釘づけ策や、旅行禁止の中で、「武術修行」だけは、国内旅行が認められた。林崎甚助はこれを十二分に活用した。居合い抜刀術の祖として、かれには門人が多い。かれの流儀は「神夢想林崎流（林崎夢想流）」といったが、その流布は諸国にまたがった。

田宮流の田宮平兵衛、一宮流の高松勘兵衛、神明夢想東《とう》流の東下野守《とうしもつけのかみ》元治、水鴎《すいおう》流の三間与一左衛門、無楽流の長野無楽斎、上泉流の上泉孫次郎、神流の沼沢甚五左衛門、抜刀伯耆《ほうき》流の片山伯耆守、一宮流（高松とは別）の一宮左近太夫、関口流（柔術）の関口柔心など、門人の層も厚く、また、応用のされ方も範囲が広い。

加賀藩の眼志流も甚助を始祖にしているし、土佐藩の直伝英信流もそうだ。この流派の系譜だと、

①林崎甚助 ②田宮平兵衛 ③長野無楽斎 ④百々軍兵衛 ⑤蟻川正左衛門 ⑥万野団右衛門 ⑦長谷川主税助（英信） ⑧荒井勢哲 ⑨林六太夫 ⑩林安太夫 ⑪大黒元右衛門

ここで「谷村派」と「下村派」に分れ、谷村派は、⑫林益之丞 ⑬依田万蔵 ⑭林弥太夫 ⑮谷村亀之丞 ⑯五藤孫兵衛 ⑰大江政路 ⑱森本兎久身

下村派は、⑫松吉貞助 ⑬山川久蔵 ⑭下村城市 ⑮細川義昌 ⑯中山博道

となる（山蔦重吉氏『夢想神伝流』から）。余談だが、筆者も剣道を習っていたころ、中山博道先生の真剣捌《さば》きを見学したことがある。少年時だったが、刀の一閃《いっせん》ごとに道場内の空気をふるわせ、凝縮させ、それが観る者に極度の緊張感をもたらした記憶は、いまでも鮮明だ。

林崎甚助は、これらの門人を、一か所で教授したのでなく、旅の途次、それぞれ教えたのだ。

在《あ》って無《な》い

弟子の中では、関口柔心が一番若い。慶長三年（一五九八）の生まれだから、このときすでに林崎甚助は五十四歳になっている。

関口柔心は、三河（愛知県東部）生まれ（一説に駿河＝静岡県中部）の名門出で、祖父関口刑部《ぎようぶ》大輔は今川義元の妹婿だった。徳川家康の子松平信康の妻加納姫の外祖父にあたる。その縁で、柔心の父は信康に仕えていた。

今川家滅亡と同時に、関口家も分解し、さらに松平信康の死によって父も浪人した。柔心自身は、松平飛驒守や本多甲斐守に仕えた。変わった武芸者で、組打ちや、中国の拳法などに習熟していた。のちに関口流の柔術を創始した。

年齢から推して、柔心が林崎甚助の門人になったのは、本多甲斐守の家臣だったころだろうか。柔心は本多家には寛永十六年（一六三九）までいる。この年、突然、紀州藩に移った。このときの移り方が、本多家に無断だったため、ごたごたが起こったという。柔心が仕えたころの本多甲斐守の領地を、近江膳所《おうみぜぜ》あるいは大和郡山《やまとこおりやま》としているが、本多が膳所に行ったのは、元和三年で、この年は林崎甚助が東北へ去ったときだ。

本多甲斐守は名を康俊といい、下総《しもうさ》小篠五千石の領主だったが、慶長六年に三河幡豆《はず》郡西尾（現愛知県西尾市）の藩主（二万石）になっている。そして元和三年までここにいて、それから膳所に移った。

柔心の生地（三河）、生年（慶長三年）から考えると、少年時から青年時にかけて、西尾で本多に仕えたと考えるのが自然のようである。

それにしても、柔心が甚助に抜刀術を習ったころ、甚助は七十歳ちかい。にもかかわらず、甚助は熱心だった。熱心だった、というのは、このころ、甚助は逆に柔心から会得したいことがあった。柔術である。居合いを教えるかわりに、柔心から柔術を習っていた。

柔心は、少年時、主人の命で武術の師を殺している。師は殺される直前、抵抗して柔心の股を小刀で刺した。柔心は、

「これがその折の傷です」

と、甚助に笑って見せる。そういうドライな面がある青年だ。はじめ、

「冗談じゃないんですね？」

と念をおしたが、

「いや、本気だ」

という甚助の答えをきくと、柔心は本気で甚助を投げとばした。高齢者だからといって容赦はしない。

また、甚助自身、それを望んだ。実は、甚助はここへきて、長年、解明できずに、ずっ

と頭の隅にこびりつき、凝結している根雪のようなものを解かそうと、いま必死なのだ。解かそうとしている凝固物とは、若いころ経験した、夢の中のあの無茶苦茶に強かった武芸者との対決のことだ。

刀を抜く隙もないほど追いつめられて、最後に進退きわまって、尻餅をつきながら抜刀した、あのときの空虚感は一体何なのだ、ということである。

あのとき以来、甚助は居合抜刀流を編み出した。有名になった。歩く先々で教えを乞われ、甚助は惜しみなく伝授した。が、甚助が発明したのは技である。技を支える理論がつかめない。つかめないのは、あの技の根源が一種の「虚」からきているからだ。精神の真空地帯、つまり無重力状態があの技を生んだ。技は増幅され、いまは数々の刀法に発展している。しかし、その刀法を支える核とは一体何だろう。それがつかめない。それをつかもうとして、長年苦しんできた。

その答えが、いま柔術から得られようとしている。いや、得られるかどうかわからない。が、薄明の膜の向うに、ぼんやりとした手応《てごた》えがある。その手応えは、若い関口柔心に投げとばされるたびに感じられる。宙にとぶ自分の肉体、束《つか》の間の飛翔感と、地に叩きつけられる痛苦。が、その飛翔感と痛苦の間に何かがある。妙な倦怠《けんたい》感、けだるさ。

(何だろう? あの感じは)

ずっと考えている。それがつかめるまでは、たとえ老骨が折れようと、最後まで柔心に投げとばされようと思っていた。

その意味では柔心はいい師だった。居合いの師だからといって遠慮はしない。柔術のほうはおれが師だと割りきっている。いま仕えている本多家に対しても、

「ひとつも私がやりたいことをさせてくれない」

と始終不平をいっている。思ったことはかくさずに口にし、行動に表す。新しい時代に生まれた新しい型の青年なのだ。自分の若いころと対比して、甚助はよく苦笑する。

甚助が特に柔心に習いたい、と懇望している柔術の技は、〝体落し〟と〝巴《ともえ》投げ〟だ。

共に相手の力を利用する逆用の技だ。体落しは、相手が押してくるのにまかせて押される。そして相手の力が飽和《ほうわ》点に達したとき、突然、身をひるがえして、脚の上方に相手の身体を凭《もた》せるようにして、一瞬後に手で引いて相手を地に転倒させるのだ。

巴投げは、これも、相手に押させるだけ押させ、やはり相手の力が飽和点に達したときに、こっちが急に仰向《あおむ》けになり、片脚で相手の胸か腹あたりを宙に支えるようにし、そのまま頭の向こうに放り投げる技だ。相手の力を逆用する点では同じだ。

甚助が、日々、手応えとしてつかもうとしているのは、この自分の〝力の飽和点〟を逆用される一瞬の、あの空虚感だ。漲《みなぎ》りに漲った自分の力が、突然、ふいとそらされる、あの虚《むな》しさなのである。

（この感じが、夢の中で、尻餅をついたときの気分にそっくりなのだ）

と思っている。しかし、それをどう言葉で説明すればいいのか。居合いで抜刀する瞬間（間《ま》）のとらえ方は、あの虚の発見なのだ。つまり、居合いの抜刀術は、こちらが虚を感じた瞬間をとらえて刀を走らせる。

「居合いとは、敵との間に生まれた〝虚〟を切るのだ」

そう思っている。しかし、その虚とは一体何だ？

甚助はきょうも柔心に何度も地に叩きつけられた。柔心は柔術の稽古を、外の野原でおこなう。あるいは川の岸でやる。土が柔らかい、草が生えている、といってみたところで、若い力で思いきり叩きつけられれば、さすがに痛い。

しかし、甚助はへこたれなかった。

「まだやるのですか？」

呆《あき》れ声を立てる柔心に、

「ああ、まだやる」

と笑って応じ、さらに投げとばされた。とにかく、力一杯に柔心を押して行って、力が充溢しきった瞬間、ふいとかわされて、そのまま自分のからだが宙にとぶあの飛翔感は、何ともいえない快感だ。つぎの瞬間にくる、叩きつけられた痛苦は、その快感の代償だ、と思えばけっして高くはない。

その夜、痛む肉体をいたわりながら、林崎甚助は、宿の一室でひとり酒を飲んだ。小さな猪口《ちょこ》では面倒なので、茶碗で飲んだ。飲みほした茶碗に、さらに徳利から酒を注ごうとした甚助は、突然、茶碗の内部を見つめて凝然《ぎょうぜん》となった。

（一体、茶碗に必要なのは、外形なのか、それとも内部の空間なのか？）

という疑問が湧いたからである。

太古、生活用具として茶碗を焼いた人間たちは、何も外形の模様や焼き上がりの美しさを得るためにそうしたのではあるまい。かれらは、そこに、手づかみにしなくてすむ、食物や水の入れ場所を求めたのだ。つまり、太古の人間が欲しがったのは、外形でなく、〝空間〟だったのだ。

土が捏《こ》ねられ、焼いて固めるのは、そういう空間をつくり出すためなのだ。

「ははあ」

甚助の胸の中で根雪が解けはじめた。体落しで投げられる瞬間の、喪失感、若いころ夢の中で尻餅をついたときに感じた空虚感、それはこの空間に通じる。つまり、茶碗は、外形の、「在《あ》る」ということに対して、内部は、「無《な》い」という形をとって、実は在る。在るからこそ、「無」という形をとった一瞬に抜刀して相手を切る。まだ、もやもやしていたが、何かそんな気がしてきた。理論としてまとめるまでにはいかなかったが、下腹がうずいた。甚助は、

（明日は田宮のところにいって、この話をしてやろう）

と思った。門人の田宮平兵衛重政の子長勝は浜松にいた。父の平兵衛は関東生まれで、はじめは、甚助の門人東下野守《とうしもつけのかみ》元治の弟子だったが、のちに直接、甚助の教えをうけた。東下野の夢想流と甚助の抜刀流を混合工夫して、田宮流を創出した。池田信輝の家臣になっている。子の長勝も信輝に仕えていたが、大坂の陣でめざましい働きをしたため、徳川家康が目をつけ、信輝からもらいうけて、自分の子の頼宣《よりのぶ》の家臣にした。頼宣はこのころまだ紀州には入らずに、浜松城主だった。

甚助は、

(あの田宮長勝なら、きっとおれの話がわかってくれるだろう)

と思ったのである。

他流の標的

「なるほど、面白いお話ですな。ふいごの理屈と同じですな」

八百石取りの身分で、貫禄のついてきた田宮長勝は、林崎甚助の話をきくと、微笑《ほほえ》んでそうなずいた。放浪生活の長い甚助は、弟子の子のみごとな成人ぶりと、同時に、組織人の安定した自信のようなものを見せられて、やや気圧《けお》された。

「ふいご?」

甚助はききかえした。

「はい。儒学にございますでしょう？　ふいごに必要なのは、外形でなく、中の何もない部分だ、と。つまり、中の何もない部分が火を起こす空気を送り出すのだから、ふいごにとって、一番大切なのは、空間なのだ、と。さすがお師匠さまのご着眼は鋭いですな」

「老人をいたわるな。私のほうが教えられたよ。なるほど、ふいごか、これはいいことをきいたな」

甚助は素直によろこんだ。田宮長勝は、さらに、

「そのふいごの理屈を、彼《か》の国（中国）の賢人たちは〝太虚《たいきょ》〟といっているようでございますな」

といった。何もかも承知しているくせに、おれを立ててくれる、と甚助は、長勝の奥床《おくゆか》しさに感服した。

「父上は？」

「とんと消息をききません。生きているのか、死んでいるのか」

「おいおい、おまえのおやじ殿だぞ」

「はあ。しかし、私には、ここの傷がございますので、いつも父とはいっしょです」

長勝はそういって笑った。ここの傷というのは、長勝が少年のころ、父の重政から居合いを習って、前足に悪い癖があって直らなかった。怒った重政は、

「そんな足は切り落としてやる」

と、いきなり刀で長勝の股を差した。以後、長勝の癖は直ったという。その話をしているのだ。

「乱暴なおやじ殿だったものな……」

感慨をこめて甚助はいった。儒学でいう〝太虚〟の説は、甚助の頭に深くきざみついた。

しかし、こういう、兵法界における、いわば、「技術の理論化」は、林崎甚助だけでなく、ほかの武術家も急いでいた。〝術の理論づくり〟もまた、このころの流行になっていた。

このころ、すぐれた武術家に、塚原卜伝《ぼくでん》、上泉《かみいずみ》伊勢守信《のぶ》（秀）綱《つな》、疋《ひき》田《た》豊《ぶん》五郎《ごろう》、奥山《おくやま》休《きゅう》賀《が》斎《さい》、丸《まる》目《め》蔵人佐《くらんどのすけ》、樋口又七郎、山本勘助《かんすけ》、神後《じんご》伊豆守、柳生石舟斎宗厳《むねよし》、宝蔵院胤《いん》栄《えい》、愛洲《あいす》移《い》香斎《こうさい》、宮本武蔵などがいた。それぞれ師弟関係がある者もいる。

地方豪族や郷士から出た者が多かったが、中には、上泉、奥山、愛洲、柳生のように、小さいながらも城の主だった者もいる。そして、戦国の合戦にも参加した。結果は、主家の衰滅によって、その方面では運のなかった者が多い。

ほろびた足利将軍をはじめ、朝廷人でも武術を好んだ貴族は多い。そのため、たとえ一介の武術家でも将軍指南などになって、任官した者も結構いた。大名でも、伊勢の北畠《きたばたけ》具教《とものり》や、旧幕府人で大名に変わった細川藤孝（幽斎）、今川氏真《うじざね》などは熱心な兵法家であった。だから、羽振りのきく武術家もいた。

塚原卜伝など、旅をする時は、供に門弟八十人くらいをつれ、大きな鷹を三羽もこぶしに据えさせ、乗替えの馬を三頭も連れて歩く豪勢さであったという。

卜伝は、足利義晴《よしはる》、義輝《よしてる》、義昭《よしあき》の三代の将軍に剣法を教えたという。秘術一の太刀は、北畠具教に伝えた。

だから、十三代将軍の足利義輝は、三好《みよし》、松永《まつなが》の党に襲われた時、自《みずか》ら勇敢に戦った。このとき、かれは刀を何本も抜身のまま畳に突き刺しておいて、折れたり、刃こぼれしたりした刀を、つぎつぎと替えたという。本格的な武芸家であった。蹴鞠《けまり》や歌づくりに日を送っている、お歯黒や白粉《おしろい》の将軍とは、ちょっとイメージのちがう人物だった。壮烈に闘死した。

卜伝は、一の太刀を北畠に与えてしまったので、さてこんど自分の二代目になる彦四郎が、「一の太刀を」と、のぞんでも伝授できない。

「伊勢に行って、北畠殿に教えてもらってこい」

と命じた。彦四郎は伊勢に行き、教えたがらない北畠をペテンにかけて、一の太刀を覚えてしまった。ペテンといえば、父の卜伝も、試合では、かなり、ペテンにちかいことをして勝っている。

このころはまだ士道もそれほど確立されていないから、「試合は、ただ勝てばいい」という時代だった。どんな勝ち方をしても、勝てば武名はあがった。「卑怯だ」といわれることは少ない。塚原卜伝や宮本武蔵のペテンも、別に指弾《しだん》されない。しかも勝てば勝つだけ、人によっては大名のような生活ぶりになる。

上昇志向は、いつの世でも人間の偽らない姿である。合戦のなくなった日本の社会で、武術が、名もなく貧しい人間の、名を得、富を得る最短距離になった。「もう、日本では人を殺しあわない」という社会で、人を殺す技の練達者が有名人になるのだ。

こうなると、単に武技だけではだめだ。PRが必要になる。自分の流儀がいかにすぐれているかを、世間によく知らせなければならない。武術家の一部は誇大宣伝に走った。それほど多くはなかった太刀数もふやした。その振りも、華やかにした。観る者に媚《こ》びるのである。それだけで足らず、こんどは他流の悪口をいいはじめた。

宮本武蔵などは、こういう風潮に憤《いきどお》りをおぼえ、特に塚原卜伝を標的にして、「兵法を見世ものにしている」と、後に『五輪書《ごりんのしょ》』に書くが、林崎甚助はそこまでしなかった。しなかった、というより、そんなことに関心がなかった。かれは、かれなりに、自分の抜刀術に付随しているあの〝空虚感〟を、何とかして核のある理論に組み込もうとしていた。が、ある仕事が流行産業であり、それで身を立てようとする者がひしめく過当競争社会では、自己宣伝力が強く、また、他人の足をひっぱり、ひっぱるだけでなく、蹴落とす者が優位を確保して行く。

つつましやかに、自分の技術を守り、自ら宣伝もせず、他の悪口をいわずに生きていれば、次第に第一線から落ちて行く。

それだけではない。その実力を知る者は、こんどは、そのつつましやかな存在に対しても、これを広場に引き出し、批判し、おとしめる挙に出る。そうやって息の根をとめてしまうのだ。そうしなければ安心できない。そういう存在が社会の片隅にいる、というだけで不安であり、また不愉快なのである。

林崎甚助は、こういう標的にされた。かれの兵法について、強い宣伝力を持つ、華麗な武芸家たちが、悪口をいいはじめたのである。

個人武芸者の道

「居合いには、立合いの精神がない」

「居合いの抜刀術は、窮鼠《きゅうそ》が猫に嚙みつくようなもので、はじめから〝逃げ〟の姿勢を基本にしている」

「抜刀した刀で、うまく敵を切れなかったときはどうするのだ？　切り損じのたびに、いちいち刀を鞘《さや》に納めるのか？」

「結局は、形だけの、みせかけの術にすぎない」

甚助の居合い抜刀術について、いわれはじめた悪口は、集約すれば、こんなことである。

林崎甚助は、自分についてのこの悪口を名古屋できいた。

浜松に戻って、弟子の田宮重政の子長勝にこの話をすると、長勝は、

「きいていますよ」

と微笑した。そして、

「しかし、気になさることはありませんよ。元和偃武《げんなえんぶ》後の武術として、襲われたときにのみ応戦する、という態度は、当世向きで正しいのではありませんか。それこそ、神君家康公のお心にかなった武術だと思いますよ」

といった。

「神君家康公は大袈裟だが、そう思ってくれるかね？」

甚助は長勝のことばに、心をなごませた。

田宮長勝は、新しい型の人間だ。父の平兵衛重政とはちがう。頭が鋭く自分のいうことに自信を持っている。激動している時代相の中でも着実に、自分の生きる場所を得て行く。いま、浜松城主徳川頼宣《よりのぶ》の家臣として、八百石もの禄を得ているのも、もとはといえば、その自信にみちた弁舌のためだ。

大坂冬の陣の際、長勝は主人の池田輝政とともに、摂津尼崎《あまがさき》城を守っていた。東軍に

追われた片桐且元《かたぎりかつもと》の軍が逃げこもうとした。この戦いでの片桐の複雑な動きを知っている池田は、

「入れてやろうか？」

といった。が、長勝は、

「なりません」

ときびしい表情でいった。片桐勢は入れてもらえず、迫った東軍に駆逐された。

戦《いくさ》が終わって、片桐は、

「池田軍は非情です」

と、徳川家康に訴え出た。家康は、事情をききたい、と池田家に出頭を求めた。このとき、説明者として家康の前に出たのが、田宮長勝である。長勝は、

「片桐殿の、水面下におけるアヒルの水かき的動きを、けっして知らないわけではありません。しかし、それはあくまでも裏でのこと。裏でのことを、表の戦場に持ちこむことは、大御所様のためにも、得策ではございません」

と、堂々といいきった。一見、正論である。そして、その正論の裏には非情な組織の論理（徳川幕府維持）がかくされている。

非情な人間を、家康は大好きだ。

（こういう奴が、わが子のそばにいてくれると頼もしい）

そう思った。そう思ったから、家康は、この直後、池田輝政に乞うて、長勝をもらいうけ、十男頼宣の家臣にした。長勝の職責はそういうところにある。いわば冷厳な政治性にある。

それを、依然として、「おれの抜刀術の弟子の子」としてちかづいて行く甚助には、武芸者らしい素朴な人間味があるのだが、一方、長勝の方も、甚助のこの人間味が好きだ。

長勝は、

（一介の武芸者がもてはやされるのは、世の中が激変するときの異常現象であって、やがて廃《すた》る。気のきいた奴は、将軍家や大名家にもぐりこんで、安泰をはかっている）

と考えていた。柳生宗厳や上泉信綱などは賢明だ。なぜ賢明か、といえば、かれらはもともと組織から出発した。組織の怖《こわ》さを知っている。その頼もしさも知っている。いざとなったときの個人の力の弱さ、みじめさをよく知っていた。

（だから、かれらは、個人武芸者の道など歩かない。はるかに自制し、着実に組織の一角に、自分の一族の巣づくりをしている）

とみている。

（その意味では、おれもそうだ）

と思う。父の師林崎甚助は、あるいは父の立身、おれの出世を、居合い抜刀術によるもの、と思っているかもしれない。が、ちがう。おれは、大坂の陣での一件が出世のきっかけになったのだ。

(それを、林崎殿はどこまで知っているだろうか?)

長勝は微笑みながら、甚助をみつめてそう思う。そして、

(おれは居合い抜刀術を、いまの世に合ったもっとも正しい刀法だと思っている。大御所様云々《うんぬん》のことばはけっして誇張ではない。おれは、この刀法を守りぬきたい。しかし、それは、町や村を流れ歩いて守るのでなく、権力の一角に据えつけなければだめなのだ。権力の一角に据えつけるとは、大名家や将軍家という組織の中に、刀法を定着させることなのだ。柳生殿は、そのことを実行しつつある)

だから、柳生殿を、ただ、「自家の保身をはかる権謀家」とだけみるのはまちがいだ。柳生殿は、誰よりも兵法家であり、また、自分の兵法を熱い気持で愛している人物なのだ。だからこそ徳川家に接近して行くのだ。

(おれも同じだ)

おれは、父から習った居合い抜刀術が好きだ。これを守りたい。家康公の子頼宣様の家臣として、別な能力(政治力・弁舌力)で仕えながら、実は家中に居合いを定着させたい。それは嘘偽りのない気持だ。

(が、)

と長勝は思う。

（そんなおれの気持が、この林崎殿にわかるだろうか？）と。

そして、

（いや）と自ら首をふる。

（わからない方がいい。組織には向く人間と向かない人間がいる。林崎殿や、あの宮本武蔵とかいう男はまったく向かない。放浪生活が身にしみついてしまっている。林崎殿は、いまのままが幸福なのだ）

と思うのである。

孫弟子として、田宮長勝は、世間の林崎甚助への悪口を、自分への悪口として正確に受けとめていた。そして強い反発をおぼえていたのである。

そして、それは田宮長勝だけでなく、同じ甚助の門人片山伯耆守久安《かたやまほうきのかみきゅうあん》にしても同じであった。


〝悟りきった猫〟


片山久安は、竹内《たけのうち》流小具足腰廻《こしまわり》（武器を持たず小具足姿で戦う柔術）の祖竹内久盛の弟だ。

久盛は作州（岡山県北部）一の瀬の城主だったこともある。が、剣が好きで、修行中、異人に武技と捕縄の術を教わったという。異人というのはおそらく中国人だろう。新免《しんめん》家に仕えたこともあるというから、宮本武蔵の祖父などを知っていたかもしれない。身長は五尺なかったという。

あるとき、供に長太刀をかつがせて、久米川の岸辺を馬で行くと、突然、川から大きな鯉がはね上がった。途端、久盛の手が供のかついでいる長太刀の柄に走り、太刀を引き抜いたと思われる瞬間、刀刃は川面に走り、水に戻る鯉を真っぷたつに切断した。まさに目にもとまらぬ早業である。

しかも、おもしろいのは、供のひとりが、切られた鯉をサッと拾いあげたという。久盛はその鯉を訪れる家への土産にした。

久安はこの久盛の弟で、やはり、長太刀を抜くのが早かったし、また早く抜くのが好きだった。林崎甚助に居合いを習ってからは、その技にさらに磨きがかかった。

兄弟とも、よく京に出て武技を披露した。また、久盛の家系からはつぎつぎと武術家が出て、久盛の三男久勝など、近衛関白から、「日下開山《ひのしたかいさん》」の称までもらった。久安は居合い十八刀に習熟し、京の愛宕社《あたごしゃ》に祈願して〝貫〟の一字を夢見た。そのため、一貫流と称したこともある。

久安は、兄の久盛を一の瀬城に訪ねては、よく馬を責めた。互いに長太刀を帯びて、一瞬の間に抜刀し、馬上でさんざんふりまわした後、鞘にパチンと納めるのである。が、久盛は、抜くだけは抜けたが、鞘に納めるのは、弟の久安の方がうまかった。

そんな二人の兄弟のありし日の姿を脳裡に思い浮かべながら、林崎甚助は久しぶりに、久安を訪ねた。久安は、周防国《すおうのくに》玖珂郡《くが》（山口県）の祖生《そお》村に住んでいた。伯耆守の官名を持っているのは、かつて豊臣秀次に仕え、そのとき、もらったのだ。その後、大内、吉川《きっかわ》の両家に仕え、いまは吉川家から捨扶持《すてぶち》として十人扶持をうけていた。

「お師匠、こんな陋屋《ろうおく》にようこそ」

甚助の訪問を心からよろこんだ。甚助が、自流への他人の悪口のことを話すと、久安は、

「私もきいております。しかし、もともと居合い抜刀流は、他人の切りかかるのを、やむを得ず身を守るためのもの、いわれてみればそのとおりです」

と、淡々と笑った。気にしている色はまったくない。甚助は愧《は》じた。そして弟子の方が達観していると思った。久安は、

「お師匠、久しぶりにお手合せ願えませんか？」

といった。甚助はうなずいた。久安はそうすることによって、やや落ちこんでいる甚助の気分を盛り上げようとしている。その心づかいがよくわかった。

「よし、やろう」

よし、やろうといっても、別に外に出るわけではない。部屋の中にいるままだ。久安はさっと甚助の左横にきて坐った。同じ方向を向いて並んだ格好になる。

この姿勢で、これからの甚助の動きを察知し、対応しようというのだ。甚助が切りつけようとするのか、あるいは組み打ちでくるのか、それとも久安の刀を取ろうとするのか、それはわからない。しかし、相手が予想外の行動に出てきても、それを予想内の行動として捉《とら》え、的確な応じ方をするのが居合いだ。

そういう応じ方をするには、精神が空虚で、肉体が柔軟でなければならない。

(これは、向かえばおさえこまれる。逃げる手だ)

甚助は急にいままでにない身の躱《かわ》し方を考えた。柔術の自然体のようなかまえになった。それを久安は甚助の行動の予震とみた。久安は素早く動いた。左の膝を軸にして、いきなり右まわりにからだを廻してきた。さらに左手で、腰の刀を鞘ごと抱くようにひねった。右足をあげて、こっちの股と、その上においた左手を踏みつけにきた。

それだけでなく、抱くように持った刀の柄で、こんどは右手を打ちにきた。手足をしびれさせて、抵抗力をうすめ、抜刀して、左手を刀にそえ、刃を甚助の胸に押しつけて、圧《お》し倒そうという戦法だ。

ふしぎに、そうされる前に、甚助はそうされることが読めた。

甚助は、まるで紙人形のように右方向へからだを一回転させた。まるで猫のようだった。そして、久安が体勢を立て直し、いきなり真向《まっこう》から片手なぐりに切り下ろしてきたとき、甚助は左脚を後方に長くのばし、右膝を立てたかまえで、双手《もろて》突きに刀を久安の咽喉《のど》に突きつけていた。いつ、刀を抜いたのかわからなかった。無意識のうちに、それらの動作が流れるように連続していたのである。

「参りました」

久安は笑ってひきさがった。額《ひたい》一杯に汗が浮いていた。

「いや、危なかった」

危なかった、というのはこっちのことではない。久安がもう一歩踏みこめば、甚助の剣尖は、確実に久安の咽喉を突き刺していたからだ。

「また、いい修行をさせていただきましたよ」

そういう久安に、甚助は、

「いや、私の方こそ勉強になった」

と手を振った。

からだを拭いて、用意された膳につくと、久安がこんなことをいった。

「先生の、さっきの躱し方は、まるで猫のようでしたな？」

「猫？」

「ええ、それも、考える猫とでもいいますかな。いや、そうではないな」

自分から首を振って自分のことばを否定する久安は、こういい直した。

「悟りきった猫、というのが正しいかもしれません」

「悟りきった猫、ね……」

甚助は猪口《ちょこ》をおいて考えた。昔、夢でみた尻餅をついたときの虚脱感、ふいごと同じです、といった田宮のことば、体落しや巴《ともえ》投げで投げられるときに感じた浮遊感――、たしかにみな同じだった。甚助の下腹がうずいた。

「いや、武術の修行は限りがない」

思わずそんなことをいった。

東北への旅立ち

片山久安の家で一夜を送った甚助は、それ以上、西へ行かずに東へ戻った。半月ばかり経《た》って、西尾（愛知県）の関口柔心の所へ寄った。

ちょうど夕暮だったが、柔心は屋根の上にいた。

「何をやっているんだ？」

ときくと、柔心は、

「猫のまねです」

と笑った。

「猫？」

「ええ。きのう、この屋根で居眠りをしていた猫がいましてね。眠ったまま、ころころところがり落ちたんですが、地面に落ちるときは、クルリと宙返りをして、ひょいと四つ足で立ち、私の顔を見てニッコリ笑ったんです。猫にできることが私にできないはずはない、と、すぐ練習をはじめたんですが、いや、なかなかむずかしいものですな」

「それはそうだろう」

半《なか》ば呆《あき》れながら甚助はうなずいた。

「でも、きのうは地面にワラを重ねて、その上にふとんを敷いていたんですよ。きょうは取り払いました」

そういって柔心は、

「はいっ」

と気合とも掛け声ともつかないような声をあげると、いきなり屋根からとんだ。川へとびこむような姿勢だった。そのまま、地へ降りずに、宙で一回転した。猫のまねなのだろう。そして、身をちぢめ、脚の膝をちぢめて手で抱くような姿で、地に落ちた。が、着地がうまくいかず、からだの右側面で柔術の受け身の姿勢をとった。

「ま、だんだんうまくなるでしょう」

衣類の埃を払いながら、そう笑った。屈託のない笑顔だ。屋根を見上げながら、

「先生はこの間、私に体落しや巴投げで投げられるときの感じが、妙な虚脱感をおぼえる、

とおっしゃいましたね？」

「いったよ。浜松の田宮には、ふいごと同じだ、といわれた」

「まったくそのとおりですよ。私が屋根から落ちるときも同じです。先生の居合いは、その虚を発見したときに抜刀する。屋根からとび降りるのも同じです。猫は、きっと猫なりにそういうものを持っているんでしょうね。私にはまだ発見できないんです、修行不足でしょう。でも、もう数日したら、かならず、ヒラリと地に立ってみせますよ。ところで、先生」

家の中に案内しながら、柔心はきいた。

「浜松からどこへ行ってしまわれたんですか？」

「周防《すおう》だ、片山のところへ行ってきた」

「そうでしたか、ずいぶん遠くまで行ったんですね。この国の年寄はみんな元気だな」

「何？」

「いや、お戻りになったら、ご相談したいことがありましてね、よかったです」

「何だね」

「浜松の頼宣様が私にご興味をお持ちのようです」

「ほう、それは結構だ。田宮が口をきいてくれたのかな？」

「それはどうでしょうか？　いったん、自分の坐り場所をつかんだ武芸者は、ほかの武芸者が召し抱えられるのを歓迎しませんからね。しかし、それはどうでもいいことです。浜松に行けば、田宮さんはおそらくそういうでしょうね。共に居合い抜刀術を習った先生のご縁だってね」

「わしは何の役にも立っていないよ。弟子を大名に売りこむのはもっとも下手《へた》なのだ」

「自分からそんなことをいっちゃいけませんよ。弟子が召し抱えられるときは、全部、おれが口をきいてやったんだ、といわなければだめです。どこの先生もうまいですよ、弟子を売りこむだけでなく、自分を売りこむのも」

新しい時代の空気を、否応《いやおう》なく、胸一杯に吸わされている柔心は、そんな処世術めいたことをいった。

柔心たちは、甚助のような古い価値観をひきずっていなかった。古い価値観をひきずっていれば、その分だけ、新しい空気の侵入を拒《こば》むものなのだが、それがない。

「ところで、先生」

「はいはい」

「この際、先生に習った居合いを、私の柔術にとりこんで、関口流という新しい柔術の流派を立てようと思うのですが、おゆるしが得られますか?」

意外な申し出だった。

「柔術と居合いの合体をね、猫から得た発想かね?」

「そうです。しかし、先生の居合いも、私の柔術も、そして猫の宙返りも、すべて身を守るためのものでしょう。他人をきずつけたり、攻撃したりするためのものではありません」

柔心はそういって甚助を凝視した。

(この男も、居合いへの悪口を知っている)

甚助はそう感じた。そして、ふっと涙ぐみたくなるほど、胸が温かく湿った。

(生意気なところもあるが、いい弟子だ)

と思った。守るべき筋は、ちゃんと守っている。甚助は微笑んだ。

「田宮は田宮流、片山も片山伯耆流を名乗るそうだ。嬉しいことに、その上に〝抜刀〟という称をつけてね。柔術の中にでも何にでも、そうやって居合い抜刀術を生かしてくれるのは、私にとっては何よりもありがたい」

「じゃ、よろしいんですね？」

「結構だ」

柔心は承諾が得られて、本当に嬉しかったらしい。その夜は遅くまで酒食の饗応をした。

甚助はいった。

「明日の朝、ごぶれいをするよ、旅に出る」

「こんどはどちらへ行かれるんですか？」

「東へ行く。とりあえずは、武州川越の甥を訪ねるが、その後はもっと東北へ行く」
「この辺も含め、西国、近畿は人間が世知辛《せちがら》くなりましたからね」
「まあ、そうだ。私のような人間には生きづらい」
「東北でいい武芸者に会えるとよろしいですね。何の処世もなく、武芸ひとすじに生きている先生のような……」

普段、才走ったこともいう柔心にしては、しみじみと実感のこもったことばだった。本心そう思っているのだろう。

（新しい世の中が、人間にくだらない気くばりばかりさせて、特に武芸者を堕落させている）

林崎甚助は、つくづくそう思った。翌日の未明、甚助は東へ向かった。元和二年二月から翌年七月まで、川越の高松勘兵衛のところにいた。そして、その後の消息は杳《よう》として知れない。東北に向かったことだけはたしかである。

居合い道は、終戦前まで、旧武徳会の称号だけで段位制がなかったという。戦後、全日本剣道連盟の運営下に入り、称号のほか、初段から十段までの段位も設けられた。

そして、始祖が林崎甚助であることは衆目一致している。

小野次郎右衛門

江崎誠致

立川主水との出合い

神子上典膳《みこがみてんぜん》が、母方の姓をとり、小野次郎右衛門忠明と名をあらため、剣術指南役として徳川の御家人となったのは、秀吉の小田原城攻めの後、家康が関東転封になってまもなくのことである。

なぜ改名したのか。神子上家は典膳の曽祖父の代から上総《かずさ》の里見家に仕える家柄であり、旧名の方がむしろ剣客にふさわしい名のように思えるが、それを小野次郎右衛門忠明と変えたのは、一見平凡な小野姓の方が当時としては格式高い印象を与える名であったということだろうか。あるいは、一刀流の祖、伊藤一刀斎にしたがって武者修行をつづけ、その皆伝《かいでん》を得て徳川家に招かれるという幸運にめぐまれた記念の証《あかし》としての改名だったのだろうか。

典膳やその父や祖父たちが生きた戦国末期の関東地方は、北条、上杉、武田の勢力が交錯し、その力関係は絶えず変動した。その余波を受け、各領国内においても去就をめぐっての内紛、あるいは下克上《げこくじょう》の争いが続発した時代である。上総でも、里見家と同族の万喜《まき》家との間に血で血を洗う抗争がくりかえされた。はじめは里見家の家臣であった神子上家は、典膳の祖父の代から万喜家に属したため、領国内における栄達は望みがたい状況におちいってしまった。若くして武芸に秀で、野心に燃える典膳が武芸者として立つべく、上総を捨て武道修行の旅に出る決心をかためたのは、必然のなりゆきだった。そのきっかけを与えたのが、伊藤一刀斎である。

一刀斎の名は早くから関東地方にも知られていた。しかし、典膳はその名を耳にしても特別の関心を抱いたわけではなかった。何しろ風来坊の武芸者であり、噂だけでその技倆を判断することは不可能である。天下無敵と称する武芸者はいくらもいたので、そうした人物の一人であろうというふうに考えていたにすぎない。

その一刀斎の名が典膳の頭に焼きついたのは、ある旅の武芸者に会ってからである。関白に就任した秀吉が、全国統一のため九州の平定に乗りだしたころ、一時平穏な状況が訪れていた上総国に、立川主水《もんど》と名乗る武芸者があらわれ、仕合を求める高札《こうさつ》を立てた。武者修行が流行の時代であり、そのこと自体どうということはなかったが、立川主水が己《おのれ》のことを伊藤一刀斎の弟子と名乗っていることが、典膳の興味を引いた。

普通、武芸者は自分自身を売りだすことに固執する。ところが立川主水は自分のことより師の一刀斎の宣伝につとめているような感じなのである。典膳が興味を覚えたのは、一刀斎も主水と同道しているのではないかということだった。同宿していないにしても、あとからやってくるのではないか。主水はその先乗りではないか。そんな気がしてならなかった。

ひとつ立ち合ってみるか。典膳は実戦の経験はかなり積んでいたが、こうした流れ者の武芸者との仕合はほとんどしたことがなかった。敗れることをおそれたのではない。主家を持つ武士である以上、他流仕合は一応主《あるじ》の了解を得るのが常識であったし、そうした面倒を冒《おか》してまで立ち合ってみたい相手にめぐりあうことがなかったからである。

典膳は主水との立合いのことを、まだ現役で万喜家に仕える父の神子上《みこがみ》土佐《とさ》に相談した。

「相手が一刀斎ならともかく、その弟子というのであれば主家に届けることもあるまい。稽古のつもりで立ち合ってみたらよいだろう」

土佐はこともなげに典膳の申し出に承諾を与えた。手強《てごわ》い相手であれば、もっと評判が立つ。主水の高札は多少の話題に上《のぼ》っているものの、その評判のぐあいから一流の遣《つか》い手とは思えない。土佐の言葉には、典膳であれば簡単にあしらえるだろうという安心の響きがあった。

しかし、高札を立てて仕合を求めるというのは、かなりの自信がなければできることではない。おどしの文言《もんごん》を書けばそれだけ仕合をしようという相手は少なくなる。それを処世術に、土地土地の有力者に寄食して渡り歩くプロの武芸者などもいたが、主水は一刀斎の弟子と名乗っているだけで、天下無敵などという思いあがった文言は用いていなかった。その点、典膳には主水がいいかげんな武芸者とは思えなかったし、またそれが立ち合ってみたいと考えた理由でもあった。

典膳は父の了解を得ると、立川主水の宿を訪ねた。出てきたのは、典膳とあまり年のちがわない二十をいくつかすぎたばかりと思われる青年だった。典膳よりはひとまわり小さいが、武者修行の鍛えを感じさせる引きしまった肢体の持主だった。

典膳が来意を告げると、主水はあるはにかみの表情を浮かべて答えた。

「私は一刀斎先生の弟子ではありますが、それほどの技倆の持主ではありません。貴殿の相手ではないかもしれませんが、そのときは悪《あ》しからず」

典膳はあっけにとられた。高札を立てて仕合を求めた武芸者の口からこんな言葉を聞こうとは考えられぬことだったからだ。しかし、次の瞬間、これはただものではないという考えが浮かんだ。

「いやいや、私こそ身の程知らずで名乗り出たのかもしれません」

「では、得物《えもの》は木刀でよろしいですか」

「結構です」

典膳の気持は複雑だった。真剣で斬り合うなど考えてもいないことであったが、万一相手にそれを求められれば、名乗り出た以上は受けざるを得ない。そうした一抹《いちまつ》の危懼《きく》もあったのである。そのおそれはなくなり、ちょっと気が抜けたような形で仕合をすることになったが、ほっとしていいものかどうか、相手の力倆がどの程度のものか、ますます見当がつかなくなってしまったのだ。

二人は宿を出て人気《ひとけ》のない林に入り、ひらけた場所をえらんで対峙《たいじ》した。

構え合って、典膳は勝てると思った。主水の方から動いてくるものがない。しかし典膳の方からわずかに気を動かしてみると、素早くそれに対応してくる。したがって、軽率には踏みこめないが、どこかで隙が見出だせそうな気がした。実戦であれば、構え合うひまもなく斬りこんで確実に斃《たお》している。そうした思いが典膳に余裕を与えた。

はたして、まもなく、典膳は主水の構えに隙を見つけた。上段にふりかぶっていた木刀を主水の右肩めがけて打ちおろした。びしっと小気味よい音を立てて肩の肉が鳴った。骨を砕くほどには打ちおろしていない。もっとも、主水も漫然と典膳の木刀に打たれてはいなかった。その切っ先をかわすべく体をよじって木刀を横に払っていた。その横に払った木刀は、典膳の木刀が確実に主水の肩を捉《とら》えた後であったが、典膳の脇腹を打っていた。しかし、勝負はあきらかだった。

「まいりました」

主水は敗北を認めて言葉をついだ。

「貴殿と私では勝負になりません。師の一刀斎先生にお会いになりませんか」

「ぜひお目通り願いたいものですが、どうすればお会いできるのですか」

「それはちょっと……たしか今ごろは鎌倉あたりにおられるのではないかと思います。あるいは近くこちらの方へ回ってこられるかもしれません」

「そうですか。その節はぜひ……ところで貴殿はこれからどちらへ……」

「国が美濃なので、西へ向かおうと思っております」

主水に好感を抱いた典膳は、しばらく上総に留まることをすすめたが、主水は好意を謝したただけで、まもなく上総を立ち去っていった。

驚異の早業《はやわざ》

神子上典膳が伊藤一刀斎に会ったのは、それから一年余をすぎた後であった。立川主水の話では、近く鎌倉から房総へ渡り、上総へ回ってくるかもしれぬという話だったので、心待ちしていたが、どこへ向かったのかその年はあらわれず、忘れたころになってひょっこりやってきたのである。

それも、典膳はその武芸者が一刀斎であるとはすぐには気がつかなかった。「剣術に望みある者があればお相手つかまつる」という高札を立てた人物が、武芸者と呼ぶにはいささか齢《とし》をとりすぎていたため、あまり評判にならず、典膳の耳に達するのがおくれたためである。

しかし、噂を耳にした典膳にはぴんとくるものがあった。高札に書かれた一刀斎という文字が乱暴にくずされていたので人は気づかなかったが、典膳が出かけてみると、まちがいなくそれは一刀斎だった。

「私は神子上典膳と申す者です。先年、立川主水殿とお手合せ願いました。その節、先生のことを伺い、ぜひ御指南いただきたいとお待ちいたしておりました」

五十歳をすぎていると思われる一刀斎は、ほとんど表情を変えずに言った。

「ああ、主水を手もなくひねられたのが貴殿か。お相手いたそう」

一刀斎は無造作に宿の庭の方へ顎《あご》をしゃくった。そこでやろうという合図だった。剣術の手合せをするにはいささか狭い感じであるが、とくに反対する理由もないので、典膳は一礼して庭に出た。

「得物は何がよろしいかな」

「木刀でお願いします」

一刀斎はうなずくと、庭の隅に積んだ短い薪《まき》を手にした。

「わしはこれで」

その声で典膳は構えに入った。一刀斎の構えは立川主水と似ていた。主水は木刀であったし、一刀斎は薪であるが、構えから受ける印象はそっくりであった。ただ主水のときとちがっていたのは、構え合ったとき、勝てるという気がまったくおきなかったことである。相手の動きをさぐるという余裕もなかった。時がたてばますます動きにくくなる。典膳はとっさにそう判断して一歩足を進めた。むろん、木刀の打ちこみを連動させての踏みこみだった。

しかし、その瞬間、典膳の手にあった木刀は地面に叩き落とされていた。典膳はあっけにとられた。それは一刀斎の手にある薪が、目にもとまらぬ早さで動いたというより、典膳の手と足が木刀を打ち落とされるために、一刀斎の薪めがけてさしだされたようなぐあいだったのだ。どうして自分はそんな馬鹿げたことをしたのだろう？　典膳は不思議でならなかった。

まいりましたと典膳が一礼したときは、一刀斎は手にした薪をもとの場所に放り投げ、部屋に上がってしまっていた。典膳の感激は一通りではなかった。世の中にはこんな武芸者もいるのか？　これまで自分の技倆もかなりの水準にあると考えていたが、一刀斎のそれとは比較することさえできない。典膳の心は瞬時にして定まっていた。

「一刀斎先生、私を弟子の一人に加えていただけないでしょうか？」

「それは構わぬが、わしは何も教えないよ。それでよければ好きなようにするがいい」

「はい。結構でございます」

典膳は深々と頭を下げた。頭を下げながら、立川主水に一刀斎の生活習慣についてもう少し聞いておけばよかったと後悔した。師弟の約束はしてもらったものの、どんな師弟関係が結ばれることになるのか皆目見当がつかなかった。

すでに、家を捨てる決心をしていた典膳は思いきってたずねた。

「早速、これから先生のお供をしてよろしいでしょうか?」

一刀斎は微笑して答えた。

「今回は見あわせてくれぬか。まもなく同行の者とおちあうことになっておるのだ。多人数の旅はわずらわしい。今度また訪ねてくるから、そのとき其許《そこもと》を同行することにしよう」

「かしこまりました。その節はよろしくお願いいたします」

師となった人の言葉である。逆らうことはできない。今度訪ねてくるときというのがいつのことか、空約束になるおそれもあるわけであるが、そのことに典膳はなぜか不安も不満も覚えなかった。何よりも、先ほどの木刀を叩き落とされた圧倒的な一刀斎の剣技に対する憧憬が典膳の心を満たしていて、彼の言葉に不信を抱く余裕がなかったのだ。

そしてこのとき典膳の頭に浮かんでいたのは、今度一刀斎と再会するまでに、自分の木刀を打ち落とした一刀斎の薪の動きがどういうものであったか、その秘密を全力をあげて解明しておこうということであった。これは大変な課題である。一年や二年では解ける謎ではないかもしれない。そう考えると、不信どころか、一刀斎と再会するまで充実した日々が送れるという期待に胸がふくらんでくるのを覚えた。そうして、落ちつきをとりもどした典膳は師の一刀斎に、気にかけていた兄弟子のことをたずねた。

「立川主水殿はどうしておられるのでしょうか?」

まもなく同行の弟子と落ちあうというのが主水ではないかという気がしたのだ。

「主水は死んだよ」

「死んだ……」

典膳は愕然《がくぜん》とした。一刀斎の言葉は淡々としていた。

「わしがこの目で見とどけたわけではない。人伝《ひとづ》てに聞いたことだが、木刀で打ちあって頭を割られたそうだ。真剣なら相手も斬られていただろうが、もう一拍の呼吸が主水はどうも摑《つか》めなかったようだ」

典膳は慄然《りつぜん》とした思いにとらえられた。一刀斎の平静な語り口に対してだけでなく、その内容が一年前に立ち合ったときの自分との仕合と重なりあったためである。

あのとき、典膳は主水の肩めがけて木刀をふりおろした。あの速度と深さで主水の面を打っていれば、彼の頭蓋骨は確実に砕けていた。典膳が慄然としたのは、そのことと同時に、真剣なら相手も斬られていただろうという一刀斎の言葉だった。それは、面を割られると同時に、主水の木刀は相手の胴を打っていたはずだという判定である。一拍呼吸はおくれても、真剣なら相打ちになる。一刀斎はそう言っているのだった。

ということは、一年前の主水との試合は、かならずしも自分の勝ちと考えてはいけない部分がある。典膳は一刀斎の言葉にそうした啓示を受けた。あらためて、今しがた、打ちこもうとした木刀を瞬時に叩き落とされたときの感触がよみがえってきた。勝負とはこういうものだ。典膳は一刀斎の言葉に、己《おのれ》の未熟さを思い知らされ、同時に、武芸者の道を歩む決意がふつふつと湧いてくるのを覚えた。

一刀斎との再会

一刀斎が典膳との約束を守って、ふたたび上総国を訪ねてきたのは、それからさらに一年余の月日がたってからだった。報《しら》せを受けた典膳が駆けつけると、一刀斎は以前と同じ宿で以前と同じ姿でくつろいでいた。

「お待ちいたしておりました」

典膳の挨拶に、一刀斎はうなずきながら立ちあがった。

「もっと早く来るつもりでいたのだが、旅は思うにまかせぬもの、遅うなってしもうた。さっそく、手合せいたそう」

前回と同じように、一刀斎は気軽に声をかけて庭に出た。しかし、こんどは薪ではなく木刀を手にした。

「お願いいたします」

典膳も木刀を手にして一刀斎に対した。

一刀斎は動かなかった。典膳も中段に構えたまま動かなかった。一年ぶりに再会し、手短な挨拶を交わしただけの、あわただしい手合せであったが、対峙した二人の姿は静謐《せいひつ》そのものだった。

それほど長い時間ではなかった。ふっと一刀斎の頬がゆるんだ。

「このくらいでよかろう」

その言葉に典膳は構えを解いて一礼した。ただの一度も木刀を合わせぬまま手合せは終わった。

「見ちがえた。だいぶ修行を積んだようじゃな」

「はい。修行はいたしましたが、動けませんでした」

「それでよい。ところで、わしといっしょに旅に出られるのじゃな」

「はい。用意はできております」

この一年、典膳はくる日もくる日も、一刀斎の薪に木刀を打ち落とされた瞬間の解明と取りくんできた。一人で鍛錬するときも、弟や剣術仲間を相手にするときも、一刀斎との立合いが念頭から離れたことはなかった。そうした鍛錬のくりかえしのなかで、典膳が気づいたことは、自分が打ちこもうとして木刀を動かす瞬間より先に、一刀斎は自分の木刀が動きだすことを察知していたということだった。相手より早く、その当の相手が動くことを察知する。どうしてそんなことができるのか？　理屈で考えてもわかることではない。その考えてもわかるはずのないことをわかるには修練以外にはない。典膳はそのわかるはずのないことをわかろうとしてこの一年を過ごしてきた。ときに、何かがほの見えてくるような気がすることはあったが、やはりわからなかった。そうしたわからぬままの状態で、一刀斎の再来を迎えたのだった。

一刀斎と構え合ったとき、典膳が動かなかったのは、動けば確実に打ちすえられる、いや、動こうという意志を持っただけでも打ちこまれてしまう、という確信によるものだった。つまり、典膳がこのとき考えたことは、どこをどう打たれるにせよ、打たれるままにまかせようということだった。言いかえれば、典膳は木刀を持ってただ突っ立っていただけである。打たれるとき、自分がどうなるかということは念頭になかった。

したがって、一刀斎が木刀を引いて、「だいぶ修行を積んだようじゃな」と声をかけたのは、いささか買いかぶりと言わねばならない。それに、典膳はとっさに「動けませんでした」と答えたが、正しくは、「動くつもりはありませんでした」と言うべきであった。

しかし、典膳はそうした言葉のやりとりのなかで、突っ立ったままの自分に一刀斎の木刀が打ちこまれていたら、よくはわからないが、ひとりでに自分の木刀も動いていたかもしれないという考えが浮かんだ。そして、そう気づいたことに何か武術の奥義をちらりと見たような感動を覚えた。

典膳の構えを見て、一刀斎が打ちこまなかったのは、あとで典膳が気づいたように、打ちこめばその瞬間典膳の返し技がかえってきそうな予感がしたからである。つまり、典膳が一刀斎に対して抱いた気持と同じ気持を一刀斎も抱いたわけで、買いかぶりの結果ではあったとしても、前回立ち合ったときにくらべ、典膳の技が見ちがえるほど上達をとげているこ とはまちがいなかった。しかもその上達がわが剣の核心にせまってきているという感動を、一刀斎も覚えたということだった。

そうした下地ができていた上で、一刀斎の供をして廻国の修行に旅だった典膳の剣技に、ますます磨きがかかっていったことは言うまでもない。

善鬼あらわる

一口に武者修行といっても、ひたすら武芸の上達を求める者、仕官の道をさがす者、行く先々で歓待される者、山野を宿に放浪する者、人さまざまである。

典膳が入門したころの一刀斎は、すでに各地に多くの門人があり、その廻国の旅に漂泊放浪の趣は薄れていた。弟子となって供をする典膳も一応の家柄で、路銀の用意くらいはできる身の上だった。仕官や傭兵稼業をする必要がない、修行専一のめぐまれた廻国の旅であった。

もっとも、もう若くはない一刀斎である。年がら年じゅう旅をするわけではない。鎌倉、小田原、三島、あるいは一刀斎の師である鐘捲自斎《かねまきじさい》の本拠地の越前など、門人に土地の有力者がいるところでは長逗留《ながとうりゅう》をすることになる。そういうとき、典膳はしばらく一刀斎と離れて一人旅を試みることがあった。

一刀斎はなるべく典膳を手許《てもと》におきたかった。未知の土地を回るときはそれほどでもないが、その名が知られている地方では、次から次に手合せを所望する武芸者や弟子入り志願者が絶えない。典膳がいれば彼を自分の代役に立ち合わせることができる。すでに、一刀斎の供をして廻国の旅に出た典膳は、師の師範代がじゅうぶんにつとまる技倆に達していたのである。

典膳が善鬼と呼ばれる変わった名の兄弟子がいることを知ったのは、一刀斎の供をしてまもなくであった。行く先々で一刀斎のところへ挨拶に来る者の口から、しばしばその名が出る。門人のなかでも出色の達人であるらしいとわかって、典善は折があればぜひ立ち合ってみたいと思った。ところが、そのことを一刀斎に話すと、一刀斎は典膳に、どこかで善鬼に会うことがあっても、勝手に勝負をしないようにと釘をさした。

「なぜでございますか?」

典善が納得いかぬ面持《おももち》でたずねると、一刀斎は次のように答えた。

「善鬼はわしの一番弟子だと思っている。お前がわしの師範代をしていることを知れば、命がけの勝負を挑《いど》んでくるだろう」

「なぜそれを受けてはいけないのですか」

典膳はちょっと突っかかるような調子で問いかえした。一刀斎の答えが、善鬼の方がお前よりも強いと言っているように聞こえたからだ。

「勝負をさせないと言っているのではない。そのときはわしが立ち合う。勝手にやるなと言っているのだ」

「はい。わかりました」

かしこまった典膳の頭にひらめくものがあった。

「もしや、立川主水殿を斃《たお》したのが善鬼殿なのでは？」

一刀斎がうなずいた。

「人伝《ひとづ》てに耳にしたことだが、まずまちがいない。仕合をしたのは美濃であったというから、主水が国へ帰ったところへ善鬼が訪ねていったのだろう。主水ではひとたまりもない」

その話ぶりから、一刀斎が善鬼にはあまり好感を抱いていないことが察せられた。人の噂でも、善鬼の評判はあまりかんばしいものではなかった。一刀斎の供をして廻国の旅をしていたころ、善鬼は師範代として立ち合うとき、しばしば相手を打ちすえて不具にしたり、ときには死にいたらしめることもあったのである。一刀斎自身、若いころはみずから鬼夜叉と名乗ったこともある乱暴者であったが、同じ乱暴でも善鬼の乱暴には陰湿なところがあって、一刀斎とウマが合わないということのようであった。

立川主水を善鬼が打ち殺したのは、おそらく主水が一刀斎の気に入りの弟子であったこととかかわりがある。とすれば、典膳が一刀斎の門人となり、その道統を継ぐ剣士として世に立とうとすれば、当然一刀斎の一番弟子を自認する善鬼の反対を覚悟しなければならない。典膳がいつの日か善鬼と雌雄を決しなければならないことは、彼が一刀斎に弟子入りした以上避けることのできない宿命であった。

二人がはじめて顔を合わせたのは、秀吉による小田原攻めがおこなわれたときであった。小田原攻めというのは、全国の大名を総動員した秀吉の天下統一の最後のいくさである。しかし、戦いらしい戦いはなく、ただ大軍をもって包囲しただけで、あとは北条氏の内部崩壊を待つという悠長なものであった。秀吉みずから愛妾淀殿を呼びよせ、諸大名にも家族を呼ぶことをすすめ、本陣には書院、数寄屋《すきや》（茶室）を建て、庭には松竹や草花を植えさせるなど、それぞれの大名が本拠地を小田原に移したような有様だった。

秀吉が、小田原攻めに長期戦を採用して兵力の損傷を避けたのは、やがておこなう朝鮮出兵が念頭にあったからであるが、ここまでくれば、北条の降伏は時間の問題という自信のあらわれでもあったにちがいない。とにかく、北条勢三万に対し、秀吉が小田原周辺に集めた兵力は二十万をこえ、それを目あてに大勢の物売り商人が集まり、街道には茶屋、旅籠《はたご》が立ちならび、上方《かみがた》の芸人や遊女たちまでが続々と流れこんできた。武者修行の武芸者たちも仕官の道を求めて集まってきたことは言うまでもない。

そのころ、典膳は一刀斎とともに、三島神社の神官の世話で三島に滞在していた。一刀斎が諸大名が陣を布《し》く小田原ではなく、近くの三島に腰をすえていたのは、今さら仕官を望む気持がなかったからであるが、また国をあげての戦陣に無関心でもいられなかったからである。

さまざまな人物が一刀斎の許《もと》をたずねてきた。典膳がのちに徳川家に仕えるきっかけとなる小幡《おばた》勘兵衛景憲《かげのり》と知り合ったのもこのときであった。小幡景憲は、武田二十四将の一人小幡昌盛の一子で、武田滅亡後は徳川家康にひろわれ、やがて『甲陽軍鑑』を編し、徳川の軍師として重きをなす人物である。この景憲が一刀斎の剣術の弟子であった。

善鬼も、そうした一人として、御機嫌伺いに一刀斎を訪ねてきたのである。身の丈《たけ》六尺をこえる大男で、その威圧感には見せかけではない力が秘められていて、典膳は顔を合わせたとき、一瞬身じろぎをしたほどだった。しかし、何事もおきなかった。一刀斎に言いふくめられていた典膳は善鬼に立合いを求めなかったし、善鬼の方でも典善を軽く考えたのか、相手にする気配を見せなかった。それに、善鬼は大軍が動く小田原の陣に心がせいているらしく、挨拶もそこそこに三島を立ち去っていった。

このとき、典膳が善鬼に抱いた印象では、いまや、彼は師の一刀斎より、剣技では自分の方が強いと自惚《うぬぼ》れているように思われた。口には出さなくても、同じ武芸者として、こうした心中は何となくわかるものなのである。しかし、善鬼に対する典膳の総体的な印象は、これまで耳にしていた噂ほど悪いものではなかった。傲岸《ごうがん》ではあるが、どこか人の善《よ》さが感じられた。

宿命の対決

神子上典膳に徳川家から仕官の話が持ちこまれたのは、小田原攻めのあと関東移封となった家康が江戸に移ってまもなくである。そのころ、全国統一を完成した秀吉は朝鮮出兵を開始していた。

あとにして思えば、このときすでに豊臣と徳川の命運は分れ道にさしかかっていたことが知られる。全国統一とともに、秀吉には老衰と誇大妄想の気があらわれてきたのだ。無謀な朝鮮出兵がその何よりの証拠で、出征軍の主力に秀吉は子飼いの武将たちを投入したため、豊臣政権の力をいちじるしく弱める結果を招いた。

家康も、秀吉と行をともにし、九州名護屋《なごや》まで出かけて行くが、出征軍に参加することからはまぬがれた。その協力なくしては全国統一ができなかった家康に対する秀吉の遠慮からであった。そのため、豊臣の直属部隊が朝鮮で厖大な消耗を強《し》いられているとき、関東を手に入れた家康は、徳川の軍事力、財政力を着実に拡充させていくことができたのである。

徳川家では、家康が秀吉と行を共にしていても、後嗣の秀忠が成人していて江戸城を守り、人材を集めて内政の充実をはかる体制がととのっていた。譜代の家臣団はもちろん、小幡景憲をはじめ武田の遺臣たちの登用、北条その他関東の諸勢力が徳川体制のなかに組みこまれ、大勢の御家人が誕生した。神子上典膳が小野次郎右衛門忠明と名をあらため、秀忠直属の剣術師範として徳川家に採用されたのも、そうした江戸政権強化政策の一環としてであった。

言うまでもなく、東国第一の大藩徳川家の剣術師範には、天下第一の者をえらばなければならない。そこで大勢の候補者のなかから白羽の矢を立てられたのが伊藤一刀斎であった。しかし、一刀斎はすでに老齢であり、また彼自身仕官の望みもなかったので、かわりに神子上典膳を推薦した。この人事に一役を買ったのが、一刀斎の弟子であり、典膳の剣技が一刀斎を凌《しの》ぐほどのものであることを知っている小幡景憲であった。

一刀斎の名声と、すでに軍学者として徳川の信任を得ている景憲の支援で、典膳の仕官に直接異議をさしはさむ者はいなかった。しかし、典膳は仕官の前に片づけておかねばならない問題があった。善鬼の存在である。典膳は徳川家仕官の話が出るまで、一度も善鬼と立ち合っていなかった。善鬼と立ち合うことが仕官の条件ではなかったが、一刀斎門下の一番弟子と自称する善鬼をそのままにして、徳川の剣術師範の地位につくのは、武芸者の意地としてできることではなかった。

典膳と善鬼の果し合いは、典膳の側の意志によるものだった。徳川仕官の話が出たとき、たまたま江戸に姿をあらわした善鬼に、典膳と一刀斎の連名で仕合を申しこんだのだ。勝った方が徳川家に推挙されるという仕合ではない。徳川家の剣術師範ともなれば、剣技だけではなく、人格、識見も要求される。善鬼はその資格に欠けていた。したがって、彼は勝っても徳川家に採用されるわけではない。つまり、この対決は、一刀斎門下同士の非公式の仕合であった。

しかし、それだけに、典膳としては絶対に負けてはならない。負ければ徳川家に推挙してくれた師の一刀斎や景憲の面目をつぶすことになる。言いかえれば、負けて、生きながらえることは許されない立場であった。そんな典膳に、仕合を求められた善鬼が、師の一刀斎が門人中で典膳を第一と見ていると知って猛然と反発し、闘志をかきたてたことは言うまでもない。仕合の方法が、真剣による果し合いとなったことは当然のなりゆきだった。

決闘は、一刀斎立合いの上で、下総《しもうさ》の小金ヶ原でおこなうことが決まった。江戸城下では、何かと物議をかもすおそれがある。静かに二人だけで雌雄を決せしめようという一刀斎の配慮によってえらばれた場所であった。むろん、双方に異論はなかった。

果し合いをするのは典膳と善鬼であり、一応は公平な条件であるが、審判役の一刀斎は典膳の勝利を期待する立場なので、いくぶん善鬼不利の感がなくもなかった。しかし、それはかえって善鬼の戦闘意欲を燃えあがらせる要素でもあるわけで、あるいは、絶対に勝たねばならぬ典膳の方が大きい負担を背負っているのかもしれなかった。

一刀斎は善鬼との決闘にのぞむ典膳に、愛刀の瓶割《かめわり》刀を与えた。この刀は、若年の頃鬼夜叉と呼ばれていた一刀斎が武者修行に出るとき、彼の後援者であった三島神社の神官から与えられたものであるが、その出発前夜、数人の盗賊が神官の家に押し入った。賊はたちまち一刀斎に討ちとられたが、中の一人が大きな瓶《かめ》にかくれた。一刀斎はその賊を瓶ごと斬り伏せてしまった。

実際に瓶ごと人が斬れたのかどうか、その真偽はともかく、瓶割刀と呼ばれる愛刀を一刀斎が典膳に与えたということは、この刀で善鬼を討ちとれという励ましの気持の表われと考えてよい。約束の刻限に小金ヶ原に相会し、一刀斎立合いの上で対峙したとき、典膳の手に師の愛刀が握られているのを見て、善鬼の心にまったく動揺が生じなかったはずはない。このとき、善鬼はおそらく、典膳と一刀斎の二人を相手にしているような心境であったにちがいない。そして同時に、典膳を討ち果たす決意が火となって燃えあがるのを感じたにちがいない。

しかし、勝負は意外にあっけなく終わった。一刀斎の合図で仕合が開始され、一歩二歩間合いをつめあったとき、典膳の瓶割刀は中段から上段に変わっていた。次の瞬間、ふたつの刀身が交錯してひらめいた。眉間《みけん》を割られ、緩慢な動きで叢《くさむら》に沈んでいったのは善鬼の体であった。善鬼の太刀がどう動いたのか、典膳は無傷のままであった。

関ヶ原明暗

典膳と善鬼の果し合いは秘密裏におこなわれたものであったが、まもなく典膳が徳川家に仕官したことから、一刀斎の後継者えらびの決闘として評判になった。典膳の出世を誇りとする郷党や、そのことに無関心ではいられない一刀斎の門人たちが口にせずにはいられなかったからだ。

だが、不思議なことは、その後の一刀斎の行動である。小金ヶ原の決闘で勝利をおさめた典膳に、一刀流の後事を托した一刀斎は、いずこともなく立ち去ったまま消息を断ってしまったのだ。平穏な晩年を送ろうと思えばできたはずの一刀斎が姿を消したのは、すでに天命の自覚があって、廻国の旅中に人知れずその波瀾の生涯を終えることを望んだということであろうか。

一方、徳川の家臣となった神子上典膳あらため小野次郎右衛門忠明は、家康の嗣子秀忠の側近に登用された。もっとも、まだ当時は豊臣の天下で、徳川幕府は成立していない。一刀流小野忠明が新陰流柳生宗矩《やぎゅうむねのり》とともに将軍家師範役の公職につくのは後のことで、はじめは秀忠の身辺警固をかねた私的な剣術師範であった。忠明が与えられた禄高は二百石、まずまずの待遇であったと言ってよい。

小なりとはいえ一城の主である柳生とちがって、身一つで仕官した忠明の立場はかならずしも安定したものではなかった。剣技が武士にとって強力な武器であることはたしかであるが、それだけでは組織のなかで勢力をのばすことはできない。時世を見る目とともに世渡りの術が必要である。忠明は、そうしたことにかけての才はほとんど持ちあわせていなかった。

そのため、忠明は何度も失敗をくりかえす。たとえば、秀吉の死後、家康の天下支配が実現する関ヶ原の役で、忠明は秀忠の旗本として参戦するが、そこで彼は戦功をあげながら、戦後、任務放棄のかどで蟄居閉門《ちつきょへいもん》を命じられているのである。

関ヶ原の役における秀忠軍は進撃がおくれ、大会戦にまにあわなかった。そのことが家康の怒りにふれ、秀忠はきつい叱責をうけた。そのとばっちりが、忠明にも及んだような感じであるが、それが忠明の世渡り下手から生じた結果であることはまちがいない。

秀忠軍が関ヶ原の役に間にあわなかったのは、上田城攻めに手間どったためである。秀忠軍は三万五千、鎧袖一触《がいしゅういっしょく》とばかり攻め立てた上田城を抜くことができなかったのだ。城を守るのは真田昌幸《さなだまさゆき》、幸村《ゆきむら》の父子であった。

石田光成《みつなり》の挙兵が、家康が会津征伐に出かけた留守におこなわれたことは知られるとおりで、それが家康の思うつぼであったこともまた知られるとおりである。家康の会津征伐には、福島正則《ふくしままさのり》をはじめ秀吉恩顧の将たちが大勢参戦していたが、そのほとんどを家康は味方に引き入れることに成功した。

しかし、例外もなくはなかった。真田昌幸である。昌幸も会津征伐には参加すべく、兵を率いて上州犬伏まで出陣していたが、そこへ三成の密使が到着した。昌幸は、徳川の幕下にある長男の沼田城主信幸と次男の幸村を呼んで去就を相談した。その結果、信幸は徳川方に、昌幸、幸村は三成方につくことにしたのである。

どちらが勝っても真田家は生きのこるという真田戦略として有名な話であるが、現実問題としてそうするのが必然の状況であったというべきであろう。信幸は徳川の重臣本多忠勝の娘を、家康の養女という形で妻に迎えていたし、幸村は三成の盟友大谷吉継の娘を妻に迎えていた。昌幸は、豊臣、徳川、北条、上杉の勢力間を遊泳してきた戦国生きのこりの謀将である。

相談がまとまると、信幸は徳川の陣にもどり、昌幸と幸村は信州上田にもどって籠城の準備にかかった。三成との決戦を決意した家康は、嗣子秀忠に三万五千の兵を与え、中山《なかせん》道《どう》を西上して本隊と合流することを命じた。

このときは、まだ三成の西軍との決戦地がどこになるのかはわかっていない。家康が本隊を東海道、秀忠軍を中山道にすすめたのは、途上に従わぬ者があれば討ち果たし、徳川の威令を示そうという配慮からである。東海道筋は、美濃に入るまでは徳川に反する勢力はなかったが、中山道から木曽路を進む秀忠軍の前には、真田昌幸、幸村父子が籠る上田城が行く手をはばんでいた。

上田城の攻略を避けて、木曽路から美濃へ向かうことはできたが、上田城の真田勢は秀忠軍の十分の一にも満たない。一気に踏みつぶせると見て攻略にかかったのは当然と言わねばならない。ところが、真田のそなえは固く、秀忠軍は誘いこまれては銃や矢にうたれ、ひるむところを奇襲され、いたずらに犠牲を重ねるだけで、どうしても攻略できなかった。

もっと早く見切りをつけ、転進すればよいものを、意地でかかわりあっているうちに日時を費やしてしまったのだ。結局は攻略できぬまま、一部の兵を残して上田にそなえ、秀忠は木曽路を急いだ。だが、ときすでにおそく、本隊に合流したとき関ヶ原の合戦は終わったあとであった。

その原因が大将秀忠の決断のおくれにあったことは言うまでもないが、それには、秀忠を囲む幕僚たちの判断の甘さに責任がある。彼等の過ちは、上田城など簡単に攻略できると考えたことだけでなく、東西両軍の決戦が、関ヶ原においてわずか一日で決するというふうには予測できなかったということであろう。総大将家康の先を急がぬ気質から見て、決戦にはまだ間があると踏んでいたのである。

小野次郎右衛門忠明も、そうした幕僚の一人であった。

小野忠明は、上田城攻めでは彼らしい戦功を立てている。真田の戦法は、秀忠軍を城壁近く引きよせては、弓、鉄砲を放ち、ひるんで退くところを城門をひらいて打って出る。

そして、さっと引きあげて行く。その進退があざやかで、犠牲は一方的に秀忠軍に出た。

業を煮やした忠明は、秀忠の本陣を離れ、城門から打って出る真田兵との戦闘に参加した。こうした白兵戦になると、さすがに一刀流忠明の剣技は冴え、彼の行く手にいくつかの屍《しかばね》ができた。もっとも、真田兵は不利と見るや引きあげて行くので、その被害は微々たるものであった。

「上田の七本槍」というのは、この攻城戦における秀忠軍中の戦功者のことであるが、落城させることができなかった戦いなので、七本槍といってもいささかこじつけの感があり、とりたてた戦功者がいなかったことの証明と言ってよいかもしれない。忠明はその七本槍の一人に数えられた。

そのことが、戦後、忠明に災難をもたらした。秀忠の本陣を守るべき立場にありながら勝手に前線の戦闘に参加したのは職場離脱であるとして糾弾されたのである。忠明が数少ない戦功者の一人にあげられたことへのねたみとともに、忠明の行動にも周囲の顰蹙《ひんしゅく》を買う一面があったのであろう。

忠明にしてみれば、前線に出かけていったのはきわめて自然の行動であったように思われる。彼はこれまで、こうした大軍の一員として戦闘に参加するのははじめてであった。彼の戦闘経験は、上総における里見家対万喜家の抗争のような小規模の戦いか、一対一の武芸者同士の仕合しかない。秀忠の本陣にあって、戦況を見守るだけであることに耐えられなかったとしても無理はない。それに、剣技をもって仕える身であるという自覚も、彼の気持を前線の戦闘場に駆りたてた要因であった。

それにしても、蟄居閉門というのは過酷な処分である。関ヶ原の合戦で東軍に加担した武将たちは、その分に応じて家康から恩賞を与えられたが、合戦に遅刻した秀忠軍はその対象からはずされた。家康の叱責をうけた秀忠は反省の実を示すために忠明のような処分者を出さざるを得ないという事情でもあったのだ。

したがって、過酷な処分といっても、形式的な要素が強く、まもなくその処分は解かれた。忠明の世渡り下手が、そうした結果を招いたわけであるが、忠明自身はさほど気にした形跡はない。彼は剣技をもって徳川に仕える身である。上田攻めで多少の逸脱はあったとしても、斎戒沐浴してその罪を詫びるという気にはなれなかったはずである。それに、戦場にのぞんで、その剣技をふるうことは、止《や》みがたい忠明の本能であった。

こうした忠明の性格は終生変わることはなかった。関ヶ原の役から十五年を経過した大坂の陣でも、彼は同じ失敗をくりかえしている。家康が征夷大将軍となり、江戸に幕府を開いたのが関ヶ原から三年後、将軍職を秀忠に譲って大御所となったのがさらに二年後で、豊臣抹消の大坂の陣のころには、徳川政権は確立されていた。小野忠明も、柳生宗矩《むねのり》とともに将軍家師範の地位をかためていた。

にもかかわらず、大坂夏の陣で秀忠の本陣にあった忠明は、最後の攻防戦が展開されると、打って出て戦場をかけめぐった。落城必至と見た真田幸村の軍勢が家康の本陣に突入し、大あばれにあばれまわり、勝敗の帰趨はすでにあきらかであったが、一部では徳川方に浮き足立つ場面も見られた。そうした状況のなかで、忠明は乱戦の中に飛びだしていったのである。

秀忠の本陣における忠明の仕事は道具奉行で、戦闘員を持つ指揮官ではなかった。小者《こもの》を連れただけの身軽な体である。真田兵があばれていると聞いては、ひとりでに体が動きだし、気づいたときは本陣から抜けだしてしまっていたということだった。

このとき真田軍が突入したのは家康の本陣で、旗本たちは逃げまどい、旗幟《きし》が散乱し、大将家康の身にも危険がせまったほどであった。あとで、家康が馬印《うまじるし》を倒されたことを怒ると、槍奉行であった大久保彦左衛門が「いや馬印は絶対に倒れなかった」と強弁した話が伝えられているが、秀忠の本陣はそれほどの危険に陥ったことはなかった。だから、忠明も本陣を脱《ぬ》けだしたのであろうが、もし、その留守中秀忠の本陣に大坂方で突入する者があらわれていれば、忠明の行動は切腹ものということになろう。

したがって、戦後、「奉行にあるまじき所業」として、再び忠明が蟄居閉門を命じられたのは当然の処置と言わねばならない。しかし今回も、前回同様、処罰を命じた秀忠には、「相変わらず困った男だ」といった許しの気持があったことが推察される。他の諸将の手前、規律を犯した忠明を罰しないわけにはいかなかったのだ。

　そうした秀忠の気持をうかがわせる挿話が残されている。時機を見て閉門を解いた秀忠は、さっそく忠明に登城を命じて目通りを許した。平伏して御礼を言上する忠明に、秀忠は気軽に声をかけた。

「閉門暮しの一刀流、まだ師範役がつとまるかどうか、予がためしてやる」

　小姓から刀を受け取った秀忠はつかつかと忠明に近づいてきた。居合わせた一同は息をのんだ。忠明が斬られるはずはないと思うものの、当の忠明が平伏したまま身じろぎもしなかったからである。

　秀忠に斬るつもりはなくとも、忠明が動いてくれなければ恰好がつかない。腹を立ててほんとうに斬るかもしれない。そんな不安も湧いてきたのだ。

　しかし案ずることはなかった。勢いこんで忠明に近づいた秀忠が、一人で飛びあがって尻餅をついてしまった。忠明は平伏したままだった。一瞬どうしたのかわけがわからず、一同はあっけにとられた。

　何のことはなかった。秀忠が近づいてくる道筋には毛氈《もうせん》が敷かれている。忠明は平伏したまま両手でその毛氈を掴み、わずかに手前に引きよせたのだ。

　こうした一瞬の動きこそ、一刀流の極意である。忠明にしてみれば、秀忠を転がすくらいわけはない。その転がし方も、軽く尻餅をつく程度に計算されたものだった。こうしたところ、忠明にも多少丸味が加わってきていた。もっと若年であれば、毛氈をまくりあげ、もんどりうたせて転がしていたかもしれない。

忠明に転がされた秀忠は苦笑しながら立ちあがった。その顔は満足そうだった。

「ひどい目に会うた。さすが忠明じゃ」

そうして、二度の閉門も、将軍師範の忠明の地位をゆるがすことはなかった。

生涯一剣士

徳川家に仕官した忠明が主として仕えたのは二代将軍秀忠であるが、むろん、大御所の家康にも謁見を許され、一刀流について質問されたことがある。このとき忠明の答弁は、次のようなかなり乱暴なものであった。

「小野一刀流は、師の伊藤一刀斎の道統を受けついだものである。師の一刀斎は、三十数度仕合をして一度も敗れたことがなかった。それは、名のごとく、一刀のもとに相手を斃《たお》す技を極意としたからである。言いかえれば、昔風の荒々しい流儀であって、この点が、型や構えに意匠をこらす昨今の流儀と異なる点である。構えたら打って斃す。兵法の基本はこれに尽きる」

この考え方は、生涯どこにも仕官することがなく、一人だけの道を歩き、晩年死を前にして『五輪書《ごりんのしよ》』を書き残した宮本武蔵に似ている。

『五輪書』には、他流への痛烈な批判の言葉が語られている。世に入れられなかった武蔵のひがみだとする説もあるが、流派というものに対する考え方が基本的に異なる以上、武蔵の流派批判は必然の帰結である。彼も己《おのれ》の剣法を二天一流と称しているが、伝統的な体系を持つ流派とはその流派の意味が異なっている。

一般に何々流と称する場合、その流派独自の型というものがある。それがなければ流派は成立しない。ところが、武蔵の二天一流にはそれがない。敵と対したらまず相手を打ち果たすことを考えよ、どんな武器を持つにせよ、どんな構えをとるにせよ、それは相手を打ち果たすための武器であり構えでなければならない、というのが武蔵の考え方で、つまり、彼の二天一流には型というものがない。情況がちがえば当然戦い方もちがってくる。その異なる戦いに応ずる基本的な心構えをのべたのが『五輪書』である。

同じ戦いが二度くりかえされることはあり得ない。したがって、こうすれば勝つという型が存在するはずもない。斬れば勝ち、斬られれば負けというのが勝負で、構えや太刀打ちの型を何十何百知っていようと、斬られてしまえば何の役にも立たない。そんなことより大切なものがあるということを、武蔵はその体験に即して説いているのだが、型や構えを無視しては、いわゆる流派としての資格に欠けることになる。その資格に欠けるところに、武蔵の兵法の真価はあるわけで、彼が他流派をさげすみ、狷介《けんかい》な孤独の剣客としてその生涯を送らざるを得なかったのも当然のなりゆきである。

この武蔵の目から見れば、徳川家剣術指南役の地位についた小野忠明も、批判の対象とされる剣客であるが、その考え方の基本には類似点が見出される。とくに、家康の下問に対する答弁などは、『五輪書』の一節かと思われるほどである。

もっとも、その忠明の答弁は、ライバルの柳生新陰流を意識している。柳生の当主宗矩は大名であり、生涯一剣士にすぎない忠明とでは、その地位は比較にならない。しかし、彼には剣技における第一人者は自分だという自負があり、この思いをこめた答弁であることはあきらかである。

それはいずれにせよ、忠明の剣は、その実戦性において、柳生より武蔵に近かったことはまちがいない。師の一刀斎が名利《みようり》を求めぬ風来坊の剣客であったこととも、それはかかわりあっているだろう。言いかえれば、忠明は柳生ほどには世間体を気にする必要がない身分であった。上田城攻めや大坂夏の陣で、持ち場を離れて戦場をかけめぐったのも、それだけ自由な立場であったことの証明である。

柳生宗矩の立場は忠明のような単純なものではなかった。その出自が一城の主であり、幕府内では大名を取り締まる総目付の要職にもついた人物である。同じ指南役でも、宗矩と忠明とでは身分がちがう。宗矩が特別な待遇をうけたのは当然である。そして、さらに当然のことながら、宗矩は天下第一の兵法家であり、絶対不敗の剣士でなければならなかった。

絶対不敗の剣士であるもっとも確実な保証は、他門との仕合をおこなわないということに尽きる。将軍指南役の宗矩はその特権を最大限に利用して身の保全を計った。むろん、一門にはきびしい稽古を命じ、柳生新陰流の普及につとめ、多くの門弟を養成しているが、宗矩の真価は剣の道に禅の世界を融合させ、それを政治の世界と結びつけたところにあると言った方がよいかもしれない。

忠明には、宗矩に見られるような政治性は皆無に等しい。それだけに、忠明は剣一筋の道を歩むほかはなかった。柳生と小野が戦えば、おそらく剣一筋の小野が勝つだろうというのが、当時の噂であったが、如上《じょじょう》（前述）の理由から、宗矩と忠明が対決して雌雄を決することはあり得ないことだった。

そんなことを許せば、徳川封建制度自体が崩壊するおそれさえ生じてくる。すでに下克上の時代は終わりを告げたのである。仕合方式によって指南役の上下を定めるようなことをすれば、どんな人物があらわれてくるかわからない。したがって、幕府としては、いったん指南役の筆頭と定めた柳生家を、そのまま存続させることが、幕藩体制を維持していく上で必要であった。

豊臣の滅亡を境に、武士は強ければ強いだけ値打ちがあるという時代は去っていった。武蔵はそうした時の流れに適応できなかった剣客であり、忠明も、徳川仕官という幸運にはめぐまれたものの、あまり器用な生き方はできない人物だった。

その点、柳生宗矩の処世術は鮮やかである。柳生流の祖宗厳の五男に生まれた宗矩が柳生家を継いでいるのは、彼が兄弟中でもっともすぐれた剣技の持ち主だったことを示してもいるが、彼の真価は、時代の変化に応じる抜群の能力にあると言わねばならない。その象徴が、剣の道に禅の世界を融合させ、それを政治の世界と結びつけたところにある。

もっとも、剣禅一如の思想は、かならずしも宗矩の専売特許ではない。武蔵にもその気はあるし、他にも関心を抱き、それを志した剣客もいたにちがいないが、宗矩の名のみが大きく残っているのは、名僧沢庵《たくあん》との交遊、それに将軍指南役という地位が大きくものを言っている。と同時に、柳生新陰流の諸伝書が数多く書かれ、剣禅一如の世界がよく宣伝されたということであろう。

宗矩が大名に列せられたのは三代将軍家光の時代であるが、家光が宗矩を兵法師範としてだけでなく、側近の一人として重用したのは、武芸の指南にあたって、宗矩が説く剣禅一如の言葉に傾倒したということであったにちがいない。幕府権力が確立して、太平の世となってからの兵法家の出世の道は、相手を打ち倒す力だけでは駄目で、宗矩のような政治的手腕が必要だったことは言うまでもない。

しかし、やはり、政治的手腕だけで兵法指南役の地位を保ちつづけることはできないはずである。勝負の世界では、一門の中心に立つのが強くすぐれた人物であることが絶対条件である。どんな名門であっても、一門の中心に立つ人物が凡庸であれば、その一門は衰微せざるを得ない。柳生家が何代にもわたってその地位を保ち得たのは、一族に優秀な剣技の持主が続いたということでもあるが、そのためには、将軍指南役の名に恥じぬよう、一門をあげてきびしい修練を重ねた結果であることもまちがいない。そうして何代にもわたり、将軍指南役の地位を保つことによって、柳生流は天下の剣として認められていったのである。

その点では、小野一刀流も同様であったと言える。柳生の風下に立たされ、失敗をくりかえした忠明であったが、それだけに剣技の修練では柳生を凌《しの》ぐものがあり、弟の忠也、嗣子の忠常をはじめ、出色の弟子たちがその膝下に育った。忠也は一刀斎と忠明の名を継いで伊藤典膳忠也と名乗って一派をなし、忠常は父の跡を継いで家光に仕えた。一刀流が柳生流とともに天下の剣として主流をなしていくのは、これら忠明の後継者たちの努力によるものであった。

しかしながら、幕府機構内における一刀流と柳生流の地位が逆転することはなかった。血は争えぬものか、忠常も父忠明に似た世渡り下手で、その稽古ぶりは乱暴なものだった。将軍家光は剣術好きで、みずから柳生、小野の両派を習ったが、忠常は宗矩のように手加減を加えないので、将軍の不興を蒙《こうむ》ることもしばしばだった。

徳川時代、一刀流と新陰流が剣の主流として繁栄したのは、幕府の草創期、柳生宗矩と小野忠明が将軍指南役の地位についたことと深くかかわっている。つまり、この両派が天下の剣として認められたため、その流派人口がふえ、そのなかからすぐれた剣士が生まれていったのである。

武芸の世界では、「奥義をきわめる」という言葉がしばしば使われる。その奥義とは何かとなると、その正体は曖昧模糊《あいまいもこ》としている。人によって奥義の解釈は異なるであろうし、ある人が奥義と称するものより、一段上の奥義に達した人から見れば、下の奥義は奥義ではない。つまり奥義と言っても、ピンからキリまであるということである。

免許皆伝というのも、武芸用語の花形であるが、これほど安直に使われている言葉もめずらしい。免許皆伝というのは、その流派の奥義をすべて弟子に伝えることを言う。それは大変困難な、極言すればそんなことは不可能なのが武芸の奥義だと言ってもよいだろう。ところがその免許皆伝が、時代が下るにつれやたらにふえていくのは、活《い》け花や茶の湯と同じく、武術とは別の免状商売によって生みだされることになったからである。

剣の達人が流派をおこすのは、自分の体、自分の才質にあった形や動きを生みだすということで、それは精神と肉体のきびしい鍛錬のなかでしか会得できないものであるだろう。その会得したものが奥義の世界であり、それは、それを会得した人物だけの世界であるはずである。

武芸の世界で、ある流派から新しい流派が生まれていくのは、多分そのこととかかわりがある。すぐれた剣客であれば、たとえ師について学んでも、修練の末、自分なりの奥義を会得し、自分の型をつくりあげる。言いかえれば、免許皆伝という形式的な師の技の枠内にとどまっていたのでは、一流の剣士とはなり得ないということである。しかし、そうした新しい世界をひらいた本物の剣客はそう多くはない。

上泉伊勢守に新陰流を学んだ柳生石舟斎、伊藤一刀斎に一刀流を学んだ小野忠明など、まさしく、師に学び師をこえて新しい世界をひらいた本物の剣客である。一般には、その師弟間の伝承を免許皆伝と伝えているが、石舟斎の剣は伊勢守と同じではなく、忠明の剣は一刀斎と同じではない。

柳生新陰流ではその流儀の特色を示す兵法目録をつくって、それをマスターすれば免許皆伝という方法をとり、小野一刀流でも同様の方法を採用するが、それは流派拡大の有効な手段であると同時に、堕落の道に通じる第一歩でもあった。そして、やがて、免許皆伝は剣術商売の具になりさがっていくのである。戦国末期から徳川の初期にかけて多くの剣客が生まれ、江戸中期に下降線をたどり、幕末の動乱期を迎えてふたたび剣客が輩出したのは歴史の必然であるが、火器による近代戦を目前にした幕末の時代より、戦国末期から徳川初期に、本格的な剣客が多く生まれたことは理の当然と言わねばならない。

小野次郎右衛門忠明は、その剣客黄金時代の中心に生きた代表的な人物の一人である。

根岸兎角

戸部新十郎

斎藤伝鬼房一門

兵法流儀の勃興から発達への過程は、それぞれの理論・刀法の確立と、その弘布伝播《こうふでんぱ》にある。具体的にあらわれたかたちとしては、多くの弟子をもち、道統を伝えるということだろう。じじつ、名剣士といわれる人は、みな多くの弟子をもっている。そのこと自体、名剣士の資格といっていい。

鹿島《かしま》・香取《かとり》の伝を受け、新当流《しんとう》を創始した塚原卜伝《つかはらぼくでん》にも、多くの弟子がいた。足利義輝、北畠具教《きたばたけとものり》、蒲生定秀《がもうさだひで》といった将軍や大名たちのいたことが有名だが、当然ながら、地元常陸《ひたち》を中心とする関東一円に、その門流が広く根を張った。鹿島神宮の摂社《せっしゃ》、沼尾《ぬまのお》社の大祝《おおほうり》(神職者)で、徳川家康に〝一ノ太刀〟を伝授した松岡兵庫助則方《のりかた》、信太《しだ》郡江戸崎(茨城県江戸崎町)の郷士・諸《もろ》(師《もろ》)岡一羽《おかいっぱ》斎常成《さいつねなり》、真壁《まかべ》城主・真壁暗夜軒氏幹《あんやけんうじもと》ほか、多士済々《せいせい》の活況を呈していた。

いっぽう、兵法の発達は自然、兵法者の社会的地位を高めずにはおかない。新陰流を創始した上泉伊勢守《かみいずみいせのかみ》が、従四位に叙せられたという事実は別格としても、大名衆や有力者に召し抱えられ、あるいは庇護《ひご》を受ける兵法者が少なくない。そうでなくても、ちゃんと門戸を張り、世間から一種の畏敬を受ける立場になっている。いいかえれば、出自《しゅつじ》がなんであれ、兵法上の成功が、そのまま出世の手段として成り立つ風潮である。常陸にも、そんな典型的人物が出現していた。その名を、斎藤伝鬼房《でんきぼう》という。

かれは通称を金平といい、卜伝の最晩年の弟子である。常陸国真壁郡新井手村（茨城県真壁郡明野町）の生まれで、幼時から刀槍術を好み、筋もよく、同門から常に〝金平〟とよばれ、可愛がられもし、嘱望もされていた。

十七、八歳のころ、金平は故郷を出た。父某が相州小田原の北条氏の小番衆にあがっていたので、そこへ頼って行ったかと思われたが、そこには長くはいず、武者修行に出かけたらしい。真壁へ戻ってきたのは、二十年近くも経《た》ったころだった。すでに軽々しいただの金平ではない。〝天流〟という流儀の創始者を号し、〝斎藤判官伝鬼房〟と重々しく名乗った。

噂によると、天流の秘術があまりに有名だったので、朝廷から参内《さんだい》を命ぜられ、紫宸殿《ししんでん》の庭先で、一刀三礼と称する太刀を披露し、左衛門尉《さえもんのじょう》を拝任したのだという。衛門府《えもんふ》の尉《じょう》はなるほど判官である。金平は生地にちなみ、〝新井ノ判官〟とも称した。

真壁の人たちを驚かしたのは、その官位やおどろおどろした名乗りだけではなかった。まず、すっかり相貌が変わった。元来、色白で、ひ弱にさえ見えた美青年だったのに、鼻梁《びりょう》高く、眼はぎらぎらと輝き、髯《ひげ》をたくわえ、一見してふてぶてしく、傲慢な相になっていた。また、常に着る装束は、羽毛で飾り立てたものだった。そんなものを着て、ゆらぎ歩ぐ姿は、まるで天狗のようだった。もっとも、異装は当時の兵法者にとって、一つの風俗にすぎない。目立つということは、じつは人の〝標的〟になることである。いわば、常に命を賭けて、

「いつでも、だれでもこい」

と宣言し、看板をかかげているようなものだった。いつなんどき、どんな強者から仕合を望まれるかもわからないのだ。それゆえ、常人が眉をひそめる行装であっても、自信・力量を示すしるしであり、兵法を志す者には、なかなか颯爽《さっそう》とした風姿に見えたものである。

おりから、上方《かみがた》では羽紫秀吉という氏素姓《うじすじよう》も定かでない男が、豊臣姓を貰い、関白に出世していた。それになぞらえ、伝鬼房のことを、ある者は、

「まるで関白さまみたいだ」

と称《たた》え、ある者は、

「成り上がり者の横行する世の中さ」

と冷笑した。

いつでもある成功者に対する評価だが、いずれにせよ、伝鬼房は官位を得、それにふさわしい自信みなぎる風貌、風姿をまとって帰ってきた。たちまち、多くの者が伝鬼房の門に入った。下妻《しもつま》の城主、多賀谷修理大夫《しゆりだゆう》重経も入門し、家士一統ともども、刀槍術にいそ

しんだほどで、伝鬼房一門はたいした羽振りだった。

〝根岸兎角《とかく》〟という若者が入門してきたのも、そのころである。

土浦在の牢人《ろうにん》の伜《せがれ》で、すらりと背が高く、色白、美麗な顔立ちだった。唇が少女のように紅《あか》かった。なかなか筋がいい。伝鬼房は気に入ったらしい。関東には稀《まれ》な美形であるというより、かれ自身、かつて美少年とうたわれたことを、ふと思い出していたのかもわからない。

試《こころ》みに、

「兵法を学んで、どうする」

と訊《たず》ねると、

「官位が欲しゅうございます。それに、羽毛で飾った服を着て、天下を歩きとうございます」

と、ありのままのあこがれを述べた。なにか気のきいた小理屈をこねないのが可愛い。

伝鬼房は満足げにうなずいた。

兎角はまた、少なからぬ黄白《こうはく》（金銭）を進上した。兵法志願の門人にしては珍しかった。なんでも、先年死んだかれの父某が、小商《こあきな》いに手を出し、小金を残してあったらしい。

これまた、伝鬼房にとって悪かろうはずがなかった。なお、兎角とは妙な名だが、当時、一部ではしゃれた名乗りがはやっていた。尤《もっとも》之助《のすけ》とか、承知之助とか。兎角もその伝《でん》だったろう。

ふるえる足

ところで、この羽振りのいい伝鬼房の出現を、他の卜伝門流の者は快くは思わなかった。なにより、それは自己の創始した〝天流〟をかざしていて、かつて卜伝門下であったことを忘却しているもののようである。いかにも、かれの〝天流〟は、鎌倉八幡宮に参籠していたとき、同宿の不思議な修験者とともに、相工夫して会得したものである。

妙旨を悟った朝、伝鬼房は訊ねた。

「そこもとの流儀は、そも何流でござるか」

修験者は答えず、ただ黙って、おりから昇りそめた太陽を指さしたと思ったら、たちまちその姿を消した。伝鬼房はかれこそ八幡宮の使者だと思った。それゆえ、そこで会得した妙剣を〝天流〟ないし〝天道流〟と称したのだが、常に、

「天道の意を受けたによって、以来、立ち合って敗れたことがない」

とうそぶいているという。

伝鬼房はなにも、卜伝の流儀を誹謗《ひぼう》したわけではない。が、自流の優秀性を強調し、かつ羽振りがよければ、結果として卜伝流をけなす忘恩の徒だと思われても仕方がない。こ

とに、真壁城主の家柄である真壁暗夜軒《あんやけん》の一門では、強い反発があった。暗夜軒その人も、自らの一門を〝霞流《かすみ》〟と称し、あたかも一流一派を立てた如《ごと》くではあったけれど、あくまでも卜伝の流れであることを標榜《ひょうぼう》してやまない。

「あの金平が、先師卜伝をないがしろにする」

と、暗夜軒一門の者はしだいに言いつのった。それも、伝鬼房とは呼ばず、むかしの呼称のままの〝金平〟である。

暗夜軒自身は、

「金平も羽毛の装束を着て歩くくらいだから、ちっとはできるようになったのだろう」

と笑っていたが、一同はいつまでも黙っているわけにはいかなかった。しだいに憎悪の念を燃やしはじめた。

うち、もっとも激越だったのは、桜井霞之助という者だった。父は桜井の館に居住する桜井大隅守という。霞之助本人は、わざわざ前名を改め、暗夜軒の霞流にちなむ名を名乗るくらいで、一門中の出色の遣《つか》い手である。これが黙っておれず、とうとう伝鬼房に仕合を申し込んできた。

「よかろう」

伝鬼房は快諾した。

場所は真壁城下はずれの野原。天正十五年（一五八七）の春の朝である。

原に点々と咲くうまごやしを踏んで、暗夜軒一門と伝鬼房一門の者がやってきた。霞之助は刻限よりだいぶ前にきて、しきりに木剣を振った。頬が紅潮し、いかにも気持の昂揚がうかがわれた。

刻限ちょうどに、伝鬼房が現れた。木剣の入った錦の袋をもって従っているのは兎角である。

兎角は伝鬼房に気に入られ、入門以来、児小姓《ちごしょう》のようにして、その側近にいる。気に入られたのは、若くて、みめかたちがよかったからにすぎないが、門弟たちはかれに多少の遠慮をした。その遠慮が兎角を知らずしらずのうちに、増長させていたようである。あまり人気はなかった。

だいいち、表裏がある。伝鬼房の前でこそ、いかにもまめまめしく働いているが、裏では横着をきめこむ。兵法稽古にしても、師匠の見ている前では精励し、よい恰好《かっこう》を見せた。もともと筋はよいほうである。が、できるというにはまだまだ遠かった。そもそも、兵法というものの性質上、うわべの恰好だけよくても仕方がない。かれはどちらかというと、兵法を習うというより、師匠の機嫌をとることに専念していたようである。

「兵法修行も変わったものだ」

と、古い門弟が嘆息したが、流儀があり、師匠がおり、弟子がおり、印可伝授が行われるというかたち、つまりは家元化の傾向がぼつぼつ見られるいま、そんな男の出現もやむを得ないのかもしれなかった。

　その兎角が、両党の面々がかたずをのんで見守る原の中に入った。伝鬼房は例の羽毛の服を羽織り、のっしのっしと歩む。兎角の足がふるえていた。

「坐れ」

　伝鬼房が言って、その場にどっかと腰を下ろし、兎角から木剣袋を受けとった。そして、向こうではやる霞之助を見向きもせず、木剣を一本ずつとり出し、いちいちゆっくりと振ってみている。

「こんなとき、あわててはいかんのだ」

　伝鬼房は兎角に教えさとすように言った。

「よく見ておくがいい。勝負というものはこういうものだ」

　結局、いちばん先にとり出した木剣を握ると、伝鬼房は起《た》ち上がり、そのままずかずかと歩み進んで、霞之助の鼻先へにゅっと顔を出し、

「されば」

　と言った。異相である。それに例の服の羽毛が、朝日を受けて輝いた。

　霞之助は意表を衝《つ》かれた思いになったのだろう。少し退《ひ》いて、構え直そうとするはなを、伝鬼房の木剣が打ち下ろされた。霞之助の額が籠目割れに割れ、血が噴きあがった。

　それでも霞之助は、木剣を上段高くかかげた。が、それはただかかげたというにすぎず、

そこをまた、伝鬼房はもう一《ひ》と打ちした。

鈍い音がして、霞之助が倒れた。すでに絶息していた。

「すんだ、すんだ」

伝鬼房は何事もなかったように言い、血糊のついた木剣を兎角に手渡し、現れたときと同じように、すたすたと歩み去った。

兎角はふるえる手で木剣袋の緒を締め、あわててそのあとを追った。背後で伝鬼房一門の歓声とともに、暗夜軒一門の怒号や泣き叫ぶ声がしていた。

伝鬼房に追いついた兎角は、

「お見事でございました」

と言った。ふるえ声だった。すると伝鬼房はぎょろりと眼をむき、

「おまえから賞《ほ》められることはない。それより、いつまでふるえているのだ」

と、軽くたしなめた。

兎角のふるえは、残酷といった決着におののいたのでもなければ、伝鬼房の水際《みずぎわ》立った腕に感奮したのでもなかった。ひとえに、いまにも暗夜軒一門が襲いかかってくるのではないか、と脅《おび》えたためである。

そんな臆病なさまを、伝鬼房はとっくに見透していたのかもわからない。

伝鬼房討たれる

勝負の果てとはいえ、霞之助の死によって、両派のあいだがいっそう険悪になった。

「仇を討つべし」

そんな声が、暗夜軒一門のなかに満ちみちている。暗夜軒だけが、

「軽挙はつつしむように」

と言っていた。

暗夜軒その人は、その名乗りの暗さから、少なからず妖異な感がないでもないが、これまた当時の兵法者の慣例にしたがって、おどろおどろしい名を号しているにすぎない。人となり勇武絶倫、卜伝門下中、早くから名があったばかりでなく、真壁城十八代城主として人望もある。これ以上、同門の確執を望まなかったに違いない。

門下の過激党はしかし、引っ込んではおられない。まして士気さかんな関東の武者どころである。

〈いつの日にか、眼にもの見せてやる〉

と、伝鬼房をつけ狙いだした。

ただし、伝鬼房の卓越した腕を見ているので、常に数人で固まって、あとをつけたり、

行動を監視したりしている。伝鬼房のほうでも油断がない。やはり常に数人が従い、万一に備えていた。

ざっとこういう状況下の五月末の暑い夜明けのことだった。

伝鬼房は下妻の多賀谷修理大夫のもとへ出稽古に行っての帰り、小貝川を渡った。従者は兎角ただ一人である。

じつは、下妻へくるにあたって、五、六名の門弟がついていた。帰るころを見はからって、出迎えの者もまた数名、出向くことになっている。が、伝鬼房には下妻になじみの女ができていた。かれは従者に知らせず、兎角だけ連れて女のもとへ行き、夜もしらしら明けにかかるころになって、きゅうに、

「帰る」

と言い出したのである。

従者たちは、下妻の城中に寝込んでいる。

「一同を起こさなければ」

兎角が言うのに、いいのだ、と伝鬼房は手を振った。女と一夜をともにして、もの憂い心持になっていたのだろう。

「急げば、なにほどのこともあるまい」

と、そそくさと歩いてきたのである。つまりは油断である。

川を渡ったあたりの原は、日の出前なのに、暑気があたりの草木にむんとむれていた。その草いきれのなかに、兎角はふと不穏な気配を感じた。振り返ると、草叢《くさむら》の陰から二つ三つの顔がのぞいた。

「曲者《くせもの》のようです」

と叫ぶと、伝鬼房は舌打ちして、

「出たか。余儀ないことである」

と言った。

このとき、伝鬼房は例の羽毛の服を着ていない。ひとえに暑さのせいだが、異装を失い、帷子《かたびら》だけのその姿には、どことなくいつもの剛悍《ごうかん》さが感じられなかった。

かれ自身はしかし、常に変わることがなかった。ゆっくり周囲を見回し、

「斎藤判官である。どこからかかってくる。前からか、うしろからか」

と大音で呼びかけた。

返事はない、が、もう前面の草叢、横の木立、背後の道に、何人かずつの人影が見える。二十人ぐらいはいるだろう。それらが、ひしひしと取り囲んでくるのがわかる。

「おまえ、ふるえているな」

伝鬼房は兎角に言った。言われなくても、ふるえているのが自分でわかっている。

「隙を見て逃げろ」

「それはなりません。師匠を見捨てて逃げるわけには参りません」

ふるえていても、朱《あか》い唇から殊勝げな言葉が出た。じつのところ、兎角は伝鬼房の側を離れるのが怖《おそ》ろしかったのである。

「わしはいい。しかし、未熟で臆病なおまえを道連れにするわけにはいかんのだ」

伝鬼房は少し笑い、そしてかなたの不動堂を指さして言った。

「わしはあそこを盾に闘《たたか》う。おまえは堂の裏を回って逃げろ」

その不動堂が近づいた。暗夜軒一党もそこで斬りかかるものの如《ごと》く、一定の距離を保ちながらついてくる。あとでわかったことだが、敵は伝鬼房をそこに追い込み、弓を射《い》かけようと企んでいたのである。

「それ」

伝鬼房が兎角の腰を、どんと叩いた。はじかれたように、兎角は走った。走りながら刃を抜き、大声を上げて振り回した。それはしかし、単に滑稽というものだった。敵はまったく兎角を黙殺していた。相手は伝鬼房だけだと、固くいましめ合っていたらしい。

だいぶ走ったころ、迎えの伝鬼房門下の一行に出逢った。兎角はかれらとともに、いま来た道をとって返した。

が、すでに伝鬼房は果てていた。ちょうど不動堂の扉に逆さ吊りになった恰好で、満身に矢を受けた死骸が無残だった。

一門の者は師匠伝鬼房の死を嘆き、それから言い合わしたように、兎角を見つめた。色白、美形の兎角はまったく無疵《むきず》でいる。

側にいて、太刀討ち一つしなかったらしい男を責める眼である。むろん、弁解を聞く耳はもつまい。兎角はただ、首うなだれて立ち尽していた。弟子たちはしかし、いつまでも怯懦《きょうだ》な男一人にかかずらっている暇はなかった。こんどはこちらがいきり立つ番である。

——暗夜軒を討ち、師の無念を晴らすべし、というのが、一致した意見である。それも故伝鬼房の嫡男を押し立て、真壁城まで乗り込もうというものだった。

伝鬼房の嫡男を、法玄という。ときにまだ二十になったかならずだが、のち、

「身体軽捷、気概あり」

とうたわれ、伝鬼房の道統を伝えた人である。その法玄が承知した。

が、真壁は小さくとも城は城である。兵法の弟子ばかりでなく、家の子郎党があまたいる。人数はたぶん、伝鬼房一門すべてを合わせたよりも、五、六倍はいるだろう。それはむしろ、兵法上の遺恨を晴らすにとどまらず、もはや〝いくさ〟というものではないか。

豊臣秀吉という男によって、統制がゆき渡っているらしい上方とは異なり、常陸あたりではまだ戦国の名残《なごり》を保つ諸豪が割拠していた。いずれも、上杉・北条・佐竹といった大きな勢力につながり、長いあいだに利害や恩讐がからまっている。どんなことで、蜂の巣をつついたような騒動にならないともかぎらないのだ。

近隣諸豪たちは、噂を聞いて緊張した。ことには、伝鬼房の弟子だった下妻城主の多賀谷修理大夫は、帰趨《きすう》を案じ、

「面目にかかわることでもあろうが、自重されよ」

と言って、門下になっていた家来たちを引き揚げてしまった。

伝鬼房方では、少しひるんだ。下妻勢の応援をひそかに期待していたからである。そこで方法を更《か》えた。伝鬼房が襲われたのと同じように、暗夜軒をたえずつけ狙い、隙を見て討ち果たそうということだった。弓の射手も用意された。

当の暗夜軒はむしろ面白がった。なにせ、人となり武勇絶倫、当時の兵法者の常として、実戦の場をよく踏んでいる。鉄のイボイボのついた長さ一丈余の六角棒を軽々と揮《ふる》い、ひと薙《な》ぎ三、四人は倒すほどである。

そうかといって、けっして向こう見ずではない。たいそう用心深く、常に見張りを放って伝鬼房方の動きを観察し、弟子たちを身辺から離さなかった。

それでも、伝鬼房方では人を集め、策を練り、朝夕機会を狙っている。ただ、兎角だけはその動きの外にいた。当人はしきりに、

「真っ先に立って、師の恨《うら》みを報ぜん」

と言いつのっていたが……。

諸岡一羽斎

　そんな一日、故伝鬼房方の本拠へ、妙な男が現れた。長身痩軀、古びた黒っぽい袖無し羽織を羽織り、脇差一本だけ帯《お》びている。妙というのはほかでもなかった。柿色の布でその顔を覆い、眼だけわずかにのぞかせていることだった。その眼も白く濁っていた。

　つめかけている面々が、怪しんで取り巻くのに、そいつは、

「どけどけ」

と、くぐもった声で言った。なんとはない不気味さだった。人が退《の》いた。そいつは肩で大息をつきながら、奥へ入った。

「江戸崎の先生ではないか」

　こうだれかが言った。そのとおり、江戸崎の住人、諸岡一羽斎《もろおかいっぱさい》だった。

　一羽斎は卜伝門下のなかで、最長老になる。その芸は東国兵法中興の祖、飯篠長威斎《いいざさちょういさい》の再来とうたわれるほどだった。一時、江戸崎城の土岐《とき》家に仕えていたが、つとに癩風《らいふう》を病み、近年はほとんど人前に出ないようにしている。が、このたびの同門同士の抗争を黙視できず、江戸崎からはるばるやってきたものである。

　一羽斎は法玄以下、居並ぶ面々を見回し、しばらく息をついていたが、高弟の小杉一卜

斎に向かって、

「いいかげんにやめんかい」

と叱咤《しった》した。

「兵法をもって立つ者は、兵法をもって見返すがよかろう。いくさの真似ごとがなんになる。あたら若い世嗣《よつぎ》の法玄どのを殺す気か。おぬしがついていて、このざまは何事か」

一卜斎は後年、〝神武一刀流〟をひらくほどの人物だから、一羽斎の言うことがわからぬわけではない。ただ、当座の勢いにやむなく従っていたにすぎない。

この卜伝門下の長老の言葉に、一卜斎は、

「一考つかまつる」

と言って、叩頭《こうとう》した。もしかして、このような制止を待っていたのかもわからない。

それからまもなく、伝鬼房方のいきり立っていた気勢が鎮《しず》まった。一羽斎の一言が騒動を鎮めたようなものである。それにしても、そのときの一羽斎は、病身ながら威風堂々、あとあとまで人の語り草になった。

ところで兎角は、その直後、一羽斎を頼って江戸崎にきた。だいたい兎角は評判が悪い。太刀討ちもせず、師匠を見捨てて逃亡した男、ということになっている。激昂する遺弟たちにそう思われても仕方がないし、じじつ、兎角には身に替えて師匠を護《まも》ろうという気がまるでなかったのだ。

こんどは、伝鬼房門下からの逃亡である。なかには、

「見つけ出して兎角を討ち、せめてもの一分《いちぶん》を立てよう」

と、いくぶん見当違いながらいきまく者もいた。

が、その兎角はちゃっかりと、一羽斎門にいた。ちょっと伝鬼房一党も、手出しできないところである。その入門の弁もちゃっかりしていた。

「手前、先師伝鬼房を討ちたる者を憎みます。が、さらに憎むべきは、盾となり得なかったわが未熟な腕であります、手前も兵法を志す身、なんとしても兵法の奥義に達せねばなりません。よって、改めて修行いたしたく存じます」

それは、一羽斎がさきに伝鬼房一門をいさめた言葉に対応するものだった。一羽斎は満足げにうなずいた。

だいたい兎角は、当人が意識しているかいないかはさておき、ひょいと人の心にとり入るのが巧《うま》かった。多少の甘えと、みめかたちのよさがそうさせるのだろうが、ことには、さきに伝鬼房に気に入られ、いま一羽斎を満足させたように、世上、〝達人〟とよばれるほどの人物の懐《ふところ》に、するりと入っていく不思議な雰囲気をもっている。

「修行はつらいぞ。かりそめにも、出世を願うてはならん。よい衣服をまといたいと思うてはならん」

一羽斎はひかえめながら、伝鬼房の行き方を暗に批判したようである。

「肝《きも》に銘じて、難行に耐えます」

「そのつもりなれば」

と、一羽斎は言った。

「二人の者どもと心を合わせ、修行に精出すよう」

その二人の者どもというのがいた。早くから内弟子となり、一羽斎の身の回りの世話をしている男たちで、一人は岩間小熊といい、いま一人は土子土呂之助《つちこどろのすけ》といった。

小熊は小柄でころころ肥《ふと》っており、顔はあから顔で、しょっちゅう汗を噴き出させていた。土呂之助はひょろりと丈《たけ》高く、黒くくすんだ顔色をしていた。齢《とし》は兎角よりほんの少ししか上でないのに、ちょっと見には、十以上もふけて見え、兵法の弟子というより、下僕かなんぞのようだった。

ただ忠実さ、律儀《りちぎ》さばかりが認められる。こんな手合は、兎角の苦手とするところだが、このような相手こそ、しっかり籠絡《ろうらく》しなければならないと思っていたし、その方法もよく心得ているつもりだった。

「よろしくお願いいたします」

兎角は丁重に挨拶し、それぞれに黄白《こうはく》を贈った。少なからぬ額だった。が、小熊も土呂之助も、無造作にその黄白を受けとった。

それからぽつりと、小熊が言った。

「ここにおれば、命を狙われることはない」

土呂之助が、そうだそうだと相槌《あいづち》を打った。世の中のことに、まったくうとい顔つきでいながら、兎角の評判をちゃんと知っているらしかった。

「そのようなことでここへ参ったのではありません。ひとえに兵法修行であります」

兎角が抗弁すると、二人は大きな口をあけ、あ、あ、あ、と笑い合った。乱杭歯《らんぐいば》のあいだから臭《くさ》い息が洩《も》れた。そこはちょうど、かまどの前だった。かまどの火の灯《あか》りさえ避けるようにうずくまる二人は、見苦しい衣服を着、髪をぼうぼうとのばしている。兎角はただちに、「寒山拾得《かんざんじっとく》」（唐代の僧、寒山と拾得の飄逸な姿が、画題に好まれた）の図柄を見たような気がした。むろん、かれらは俗塵を超越した寒山拾得ではなかった。その後二人の姿を見ていると、飯《めし》の炊《た》きよう、薪の切りようなどで、しょっちゅう言い争いをしている。なかなか無邪気で、面白くないこともなかった。

兎角遁走

その冬から、一羽斎は病床に呻吟《しんぎん》した。癩風の身である。尋常の手当でどうなるものではない。

考えてみると、一羽斎がじっさいに木剣をとって、兎角の相手をしてくれたのは、ただ

の一度しかない。それもほんの二、三手で、

「筋はよい。が、しかし」

と言っただけである。そのあとが聞きたいところだったが、それきりになった。それはたぶん、兎角の人間性にかかわる言葉だっただろう。

小熊や土呂之助とも、何度か稽古した。かれらの手法はいつも決まっている。ぐいぐい押しつけてきて、ひょいと入身《いりみ》になって首にくる。兎角は心得ていて、その寸前を打つ。

かれらはしかし、打たれながら、

「まだ拙《つたな》し」

と言うのが常である。

負け惜しみでなく、真実勝ったと思っている。どうやら気組《きぐみ》で圧迫して勝った、と信じているらしいのだが、あまり参考にならない稽古ぶりだった。だいたい、かれらが木剣をもつことは少ない。それは米をかしぎ、水を汲み、薪を集めるなどの日常の仕事のほか、生計《たつき》のために、霞ヶ浦の漁の手伝いをし、あるいは耕作のための鋤鍬《すきくわ》を握ったりするからである。そのうえ、こんどは一羽斎の看病をしなければならない。薬湯《やくとう》を煎じたり、薬を塗り替えたり、汚れた衣類の洗いすすぎがある。薬代を得るための稼ぎ仕事が増える。

小熊は思いもよらず器用なところがあって、木や竹の細工物をはじめた。土呂之助は近在の百姓家の手助けをして働く。兎角も黙っておれず、何度か実家へ行って、金銭の工面

をしてきた。思えば、入門当座、兎角の贈った黄白は、すべて一羽斎のために費やされたのだろう。要するに、兵法道場でありながら、まったく稽古は絶えてしまった。おかしいことに、小熊も土呂之助も不服一つ言わず、まめまめしく働いている。嬉々として、という形容が当たっていたかもわからない。

——不思議な連中だ。

兎角は思わないわけにはいかない。

——いつまでこんなことをしているのか。

労役も修行の一つかもしれないが、そんな修行はごめん蒙《こうむ》りたいと思う。そもそも、苦しい修行に耐えるというのは、本心ではない。本心はやはり、先師伝鬼房のように、羽毛で飾った衣服を着、天下をゆらぎ歩きたいのだ。

いつのまにか、盟約みたいなものができた。

——師の容態はよくない。この先、長いかもしれず、短いかもしれぬ。いずれにしても、三人心を合わせ、最後までみとること。

こういう趣旨だった。とくに文書をしたためて、血判を押したというほどのものではない。が、ころころ小肥りの小熊が、不精髭におおわれた顔で、

「これが師恩に報いる道である。背《そむ》けばたちどころに神罰を蒙《こうむ》るであろう」

と、なにか楽しい約束でもするかのように、笑いながら言ったのが不気味だった。

兎角はなにも、さほどの師恩を受けたとは思っていない。なにせ、たった一度の手合せなのである。受けたとすれば、激昂する旧伝鬼房一党の手から、いっとき庇護してくれたことだろうが、それとても、いまとなればあまり意味のないことだったと思われる。

二人はしかし、ごく単純に、兎角もまたかれらと同じように、師恩に報いるべきだと考えているらしかった。土呂之助の如きは、兎角が家を出るとすぐ、どこからかぬっと現れて、

「どこへ行く」

と訊《たず》ねた。挙動をいちいち監視されているようだった。

「どこへも行きませんよ」

兎角は答えながら、じっと機会をうかがっていた。

じつは多少のもくろみがあった。それは相州小田原である。当時、関東第一のその都会では、兵法がさかんだが、その割には目立つ兵法家がいないという噂を聞いた。独立して一旗挙《あ》げるには、恰好の土地ではないか。

思えば簡単なことだった。卜伝門流が根を張り、なにかと煩《わずら》わしい常陸《ひたち》を出ればすむことであって、なんでそんなことに気づかなかったかと悔《くや》まれる。なにも常陸ばかりが兵法の国柄ではないのだ。先師伝鬼房は、まず小田原へ行って名をあげたという。伝鬼房ももしかして、複雑にからまる師弟や先輩後輩筋の煩わしさを嫌い、出国したのではあるま

いか。そして、官位を得るまでになったのだ……。

――小田原へ行こう。

兎角はひそかにそう考えていた。

ある日、小熊、土呂之助両名の腰の物が失《な》くなっているのに気づいた。

「いかがなされたのか」

兎角が訊ねるのに、言うまでもない、というふうに睨《にら》み返した。金銭に替えたのである。

「そうでしたか」

兎角は感に堪えたようにうなずいた。それは感心したのでなく、脱出の契機を得た確認のようなものである。

――そんなばかなことまでして、ここにいる理由はない。

ということがはっきりした。兎角はしかし、

「手前もこれを」

と、腰の物を差し出した。二人の顔が少しゆるんだ。そしてその日、兎角の姿が一羽斎のもとから消えた。

微塵流開祖

当座、小熊も土呂之助も、兎角の逐電《ちくてん》をさして気にもとめなかった。そういう男であり、そうなるだろうことを、うすうす感じとっていたからである。

ちょっと癪《しゃく》だったのは、病床にある一羽斎が、

「兎角はどうした。しばらく顔を見ぬが、元気か。あいつ、筋はよい。精出せばおまえらよりできるようになる。あとは心根《こころね》だけだ」

と、逐電も知らず、兎角の将来を案じていることだった。

その一羽斎も、五年後の文禄二年（一五九三）秋にいたって、死んだ。しばらく小熊も土呂之助も、呆然自失の態でいた。甲斐《かい》のない営みに、あたら大切な青春を費やした男どもとしては、当然の姿だった。が、落ち着くとともに、耳に入ってきたのは、

――微塵《みじん》流の開祖、兵法大名人根岸兎角

という名である。

その男は、丈高く、山伏のような惣髪《そうはつ》で、眼光かがかがとものすごく、愛宕《あたご》の魔法を遣《つか》う天狗の化身だといいふらし、常に羽毛で編んだ衣装をまとっているという。

そんな行装で小田原城下に出現した兎角は、たちまち評判になった。かれは街の辻々や

寺社の境内に立ち、囲繞《いにょう》する群衆相手に天狗問答というものを、まずやる。

「汝はそも何者ぞ」

「われこそは愛宕山の天狗、太郎坊より極意を受けし兵法大名人なり」

「遣う技はなんぞ」

「一打一撃にて、敵を木端微塵《こっぱみじん》に打ち砕く、よって微塵流とはいう」

「名手あり、汝、立ち合うや」

「なにびとを問わず、立合いを望む者あれば、わが秘術の一端を示すであろう」

ざっとこんな他愛のないものだが、臆面もなく、いくぶんの演技をまじえて、音吐《おんと》朗々と問答する。そして、丈余の六角棒をりゅうりゅうと振り回してみせる。それだけで、群衆は感嘆する。夜になると、居処《いどころ》をくらましてしまう。いまなお、天狗の太郎坊とともに、天界を疾駆するというわけだ。

こうして人心を摑《つか》み、城下に道場を建て、兵法指南所とした。少なからずはったり臭いが、腕は相当のものらしい。こんな者と立ち合う者はめったにおらず、やがて北条氏の家臣らがぞくぞく入門し、繁昌を極《きわ》めたという。

小田原落城前後、いったん姿を消し、いまでは新興都市である江戸に現れ、いよいよ名声高く、門弟の数は千人に及ぶ。そのなかには、徳川氏の旗本や近隣の大小名もいる。江戸城の東に建った建物は、江戸一番の大道場であるそうだ。なお、怖《おそ》ろしげな髭を生やしているものの、肌理《きめ》白く、存外な美形である。それがまた人気を集めるゆえんだという……。

「あの兎角だ」

と、聞くなり小熊は叫んだ。

「あいつに間違いはない」

いつも感情を押さえがちな土呂之助も、いくぶん興奮して、しかし、

「微塵流、というのか」

ぼそりと言った。言おうとするところはわかっている。師伝である卜伝系統の一羽流の名を隠し、自己の独創らしく微塵流などと称して名声をあげている、というわけである。なるほど、兎角が元来、身につけた兵法は卜伝系統である。が、師伝というほどではない。まして、一羽斎とはたった一度の手合せにしかすぎない。微塵流はあくまでもかれの独創によると信じているし、それなりの苦心努力も払ってきた。だいいち、羽毛の服という異装をまとう身になった。これはかねての念願ではあったが、そのため人の標的となっている。つまりは、命を賭けての兵法人生なのだ……。

これがたぶん、兎角の言いぶんだっただろう。が、小熊や土呂之助にとっては、あくまでも師伝を盗用する下劣な男であり、忘恩の徒だった。

「討つべし」

土呂之助にしては、珍しくはっきりした口調で言った。いまになって、病床の師匠を見捨てて逐電した男への憎しみが湧いてきたのだろう。

「討つべし。師の仇なり」

と小熊が応じた。いつのまにか、兎角は師匠一羽斎の〝仇〟になった。それはとりもなおさず、かれら二人の失われた青春のつぐないということでもあった。すぐさま、兎角を討つ相談にかかった。といっても、格別めんどうなことではない。

「だれが江戸へ行くか」

というものだった。二人で兎角を討つのは、世間の聞こえが悪いというわけだったが、じつのところ、旅費その他、あいかわらず金銭に不如意だからである。

そこで、籤《くじ》を引くと、小熊が江戸行きに決まった。

「わしだな」

小熊はあから顔を、くしゃくしゃにして笑った。勝負は常に勝つものと信じ込んでいる無邪気さがあふれていた。

「吉左右《きっそう》（よい知らせ）を待てよ」

と、小熊はいそいそと江戸崎を立った。残った土呂之助もじっとしていない。早速、鹿島神宮に詣でて、宝前《ほうぜん》（神前）につぎのような願文《がんもん》をかかげた。

右、こころざしの趣は、それがし土子土呂之助の兵法の師、諸岡一羽亡霊に敵対の弟子あり。根岸兎角と名づく。この者、師の恩を讐《あだ》をもって報ぜんとす。いま、武州江戸にありて私曲をおこない、逆威をふるいおわんぬ。これによって、かれを討たんため、それがし相弟子岩間小熊、江戸へ馳《は》せ参じたり。

そもそも願わくば、神力を守り奉るところなり。この望み足《た》んぬにおいては、二人兵法の威力をもって、日本国中を勧進し、当社破損を建立し奉るべし。もし小熊、利を失うにおいては、それがしまたかれと雌雄を決すべし。千に一つ、それがし負くるに至りては、生きて当社へ帰参し、神前にて腹十文字に切り、はらわたをくり出し、悪血をもって神柱をことごとくあけに染め、悪霊となりて未来永劫、当社の庭を草野となし、野干《やかん》（狐）のすみかとなすべし。

すべてこの願望、毛頭私欲にあらず。師の恩を謝せんがためなり。いかでか神明あわれみ、御たすけなからん。よって件《くだん》の如し。

文禄二年　癸巳《みずのとみ》九月吉日　土子土呂之助

すさまじい文言である。命を賭けて鹿島神宮に対し、修理建立か、破壊か、どちらを選ぶかを問いつめているわけだ。

いっぽう、江戸に着いた小熊は、まず兎角の道場の様子をうかがった。無邪気、朴直だが、いきなりその道場へ踏み込むという無謀なことはしない。相手の本拠をうかがって、その強弱を計るとともに、江戸という都会の雰囲気にも慣れようというものだった。

その江戸は草創期である。町割が進められ、諸国から多くの人が入り込んでいた。城も去年から今年にかけ、拡張修復された。まだ入江が城近くまで入り込み、ところどころ葦原も残るという状景だったが、たいそう活気がある。

小熊は一両日、そんな街を歩き回ったあと、江戸城大手前の大橋（常盤橋）のたもとに、高札を立てた。

兵法望みの人これあるにおいては、その仁と勝負を決し、師弟の約を定むべし
文禄二年癸巳九月十五日　日本無双　岩間小熊

とくに根岸兎角宛てにせず、一般公開状にしたのはほかでもない。江戸入国まもない徳川家康は、まず城下の治安維持を第一と心がけ、いやしくも遺恨をもって私闘に及ぶことを厳禁していたからである。それに、許されて天下晴れての立合いになれば、一人対一人ということになるだろう。あまたの弟子をもつという兎角に、助勢させないという意味をもつ、なかなか配慮の行き届いた仕方といわねばならない。

兎角完敗

小熊が高札を立てた大橋前は、新たに開かれた町屋続きで、通行人が多い。城中でもたちまち評判になった。

むろん、千人ちかくもいた兎角の弟子の眼に、それが触れないはずがない。早速、兎角の耳に入った。なにせ、天下大名人を誇る兎角である。日本無双を名乗って高札を立てる男に対し、ここは一番、黙って見過ごすわけにはいかないだろう。

——きたな。

兎角は思ったが、動揺はない。じっさい、ここ数年のあいだに、名声相応の実力が備わったと信じている。名声、外形から自信がつくこともまたあるのだ。だいいち、兎角の知っている小熊は、ころころ小肥りの、ろくに木剣も握ったこともないような男である。何度かの立合い稽古で、かたくなで融通のきかぬ腕のほども心得ている。

「日本無双とは面憎《つらにく》き男よのう」

兎角はまったく見知らぬ男の出現のようにして言った。

「飛んで火に入る夏の虫とはこのことである。ただ一と打ちにしよう」

ただちに奉行所に言上し、日を定めて、両人が大橋橋上で立ち合うことになった。なお、当時の町奉行は板倉勝重と彦坂小刑部である。

その日、見物の衆が山のように集まった。奉行衆は橋の両方に、弓・槍をもってものものしく警戒し、現れた小熊、兎角の刀、脇差をあずかった。それから両人はしずしずと橋の東西から登場した。

兎角のほうは、大筋（太い縞《しま》）の小袖に、繻子《しゅす》の目打ち（刺繡）のくくり袴をはき、白布を縒《よ》ったたすきを掛け、黒脚袢《はばき》にわらじばきといういでたちで、鉄の筋金が通り、ところどころ鉄のイボイボを打った六角の太く長い棒をひっさげている。

対する小熊は、ねずみ色の木綿袷《もめんあわせ》に、浅黄の木綿袴をつけ、足半《あしなか》（半草履）をはき、ありきたりの木刀をもっていた。いかにも見すぼらしい恰好である。だいたいが兎角は大男のうえ、雄偉な顔立ちである。小熊は背丈低く、小肥りで、頭髪は浅ましくかむろのように乱れていた。だれが見ても、兎角の勝ちは動かないようだった。

さて、両者は見合うこと数呼吸、同時に両橋詰からするすると出た。間合がちぢまった。小熊はまず、兎角が高上刀に振りかざした六角棒を、一と打ちとばかり打ち下ろした。小熊はそれを受け、すぐに押しつけた。あから顔のなかに、大口あけているのが見えた。

どうしたことか、小柄な小熊の体が沈んだ。すると、兎角の体がたかだかと持ちあげられ、あっというまに、橋げたを越して、真《ま》っ逆《さか》さまに川の中へ投げ込まれていた。

川中を流れる兎角を見下ろし、勝ち誇った小熊がなにか叫んだ。それからどっと歓声があがった。それはひきもきらず、しばらく大手前一帯にどよめいていた……。

ときに、奉行配下にいた岩沢右衛門助の述懐談がある。

「あのとき自分は、橋詰のところから、勝負をはっきり見た。小熊は早目にきて、西から出、兎角は東から出たが、自分の近くで眺めていた高山豊前守という老士が、まだ勝負前だというのに『や、兎角の負けだ、兎角の負けだ』と言ったのを不審に思い、あとでそのことを訊ねると、こう言った。

小熊が右手に木刀をもち、左手で頭を撫《な》でながら『いかに兎角』と声をかけると、兎角が『されば』と答えて頬髯を撫でたが、あれで高下《こうげ》のしるしがあらわれている。そのうえ、兎角が東からお城の方に向いて剣を振った。どうして勝てるものか。それが運の尽きる前兆だ、と。果たしてそうなった」

いくぶん理屈っぽいが、さらにこう続けている。

「兎角は大男で大力、小熊は小男で無力だが巧者である。打合いしては敵《かな》わぬと知って、即妙に機転をきかして、下段で待った。案の如く、兎角が打ってかかるところを、小熊が受けとめて相手を橋げたに押しつける。大男の兎角の腰が、橋げたより高いから、もんどり打って川に落ちたのだ。敵が強く出ても強くは受けず、つねに変動する体勢だった。『敵によって転化す』という三略《さんりやく》（中国兵法の古典）の言葉を、小熊の兵法を見て思い出したよ」

小熊はしかし、三略の兵法によって闘ったわけではない。愚直に、忘恩の徒を討たずばやまず、と覚悟していたにすぎない。そして、揮《ふる》ったのは、かたくなといわれようと、田舎臭いとそしられようと、身に備えた卜伝門一羽流の剣なのだった。

また『武芸小伝』の著者、日夏繁高の父能忠（居合術一伝流の達人）が、ある老翁の話として、つぎのように伝えている。

「小熊は小男で、兎角は大男である。兎角は圧倒するような態度で、小熊を橋げたへ押しつけ、身動きできぬようにした。危うく見えたが、どういう手を使ったのか、きゅうに小熊が兎角の片足をとって橋下へ投げ落とし、匕首《あいくち》を抜いて、『八幡《はちまん》これ見よ』、と声高に叫び、欄干を切った。その痕《あと》が明暦三年の大火まで残っていた」

経緯に多少の違いがある。が、「八幡これ見よ」と欄干を切った光景に、凜乎《りんこ》とした魂の躍動が感じられる。なお、この勝負を、家康が城の櫓《やぐら》の上から上覧したという。江戸城下草創期の大きな事件の一つだった。

いずれにしても、名も知れぬ小熊が勝ち、兎角が負けた。文字どおり、天狗の鼻を折られた兎角は、即座に江戸から姿を消した。ふたたび、あの羽毛の衣装をまとうことはできないだろう……。

微塵流その後

残酷、非情は勝負に身を置く兵法者の常である。兎角に打ち勝ち、その名を江戸じゅうに響かせた小熊もまた、例外ではなかった。

もっとも、小熊の場合、単に迂闊《うかつ》というべきかもわからない。勝負のあと、負ければむろんのこと、勝ってもその場から素早く去るのがたしなみというものである。たとえば、宮本武蔵など、勝負のあと一目散に姿をくらましている。小熊はそうせず、うかうかと宿へ戻ってきた。そこには、小熊の勝利を伝え聞いて、多くの人がつめかけていた。一眼《ひとめ》、姿を見ようという者から、酒肴をたずさえてくる者までいる。

根が無邪気な男だった。いくぶん得意になって一夜を過ごした翌朝、兎角の旧門弟と名乗る二人の武士が訪ねてきた。

「われらの師匠は逐電し、行方知れません。聞けば、あなたは師匠と同門のよし、かくなるうえからは、あなたを迎え、師と仰ぎたいというのが、われら一同の希望であります」

そう慇懃《いんぎん》に言った。つまり、小熊をもって兎角の経営していた道場の主にしたいというのである。兎角と同門のちなみにより、というのも理にかなっている。

小熊はその気になったかどうかわからない。が、誘われるまま、とにかく道場へ案内され、そこで田舎住いの小熊には見たこともない饗応を受けた。上機嫌でしたたか酒を飲み、酔っ払ったところを、旧門弟たちに寄ってたかって斬殺された。

入浴中に殺されたという説もある。が、迂闊ということにおいては変わりはない。むごい話だが名声を得た小熊は、はかなく消えてしまったのである。

江戸崎に残った土呂之助は、首尾をいまかいまかと待った。届いた情報は、勝負に勝ち、そして門弟に騙《だま》し討ちに逢ったというものだった。

土呂之助は小熊の死を嘆き、しかし、兎角を打ち負かして、旧師の恨みを晴らしたという事実で満足した。ずっと江戸崎の地を離れず、地道に一羽流の弘布につとめ、門弟中の傑物、水谷八弥という者にあとを嗣《つ》がせた。八弥はのち出国し、遠州横須賀城主、大須賀康高に仕えている。

ところで、筑前博多の城主、黒田長政の家中に、信太《しだ》大和守朝勝という士がいた。慶長のころである。

朝勝は徒士《かち》衆三十人をあずかる弓頭で、食禄は五百石。相貌端麗、大男だが、立居振舞いが静かで、何事もひかえめな落ち着いた武士である。不思議なのは、兵法に熟達していることだった。

ことさら宣伝したわけではないが、兵法を志す者のあいだで評判になっている。乞われれば、やむなく立ち合うが、卓抜した妙術に腕自慢がみな子供のようにあしらわれる。

ほんの数人だが、門弟らしい者もできた。かれらは人となりがよく、性強固だった。いわば朝勝に見込まれた連中といってよい。それにしても、わからないのは朝勝の流儀名だった。兵法は兵法としてやればよさそうなものだが、流儀名がつくことそれ自体、兵法確立の時代なのである。

門弟の一人がしつこく訊ねると、

「微塵流」

そう一言、低く答えたという。

同じころ、黒田家に林田左門という兵法者がいた。左門は中条流富田勢源《とだせいげん》の弟子で、その名は西国に隠れもない。鉄砲二十挺の組頭である。

あるとき、組の足軽六人が人をあやめて出奔した。左門は一人で馬を走らせ、峠路で追いついた。かれらは不敵にも足をとめ、

「ここは山里、あたりに人影もござらぬ。われらに追いついたとは、だれにも他言いたさぬ。このまま立ち帰りなされ」

とうそぶいた。

足軽とはいえ、みな戦場を体験している。まして、人をあやめ、逐電しようという命知らずの暴れ者である。ここはもとの組頭ゆえ、命を助けてやろうというわけだ。

左門は逆らわず、静かに馬を下り、

「わしはそのほうどもを捕えにきたのではない。組頭として、問いただしたいことがあったから参ったのだ」

こう言いながら歩み寄ると、一人が、

「その手は喰わぬ」

と斬りかかった。左門は身を沈めるや、すぱりと一刀で斬り倒した。

足軽どもは、こんどはいちどきに斬りかかった。左門はわざとあと退《ずさ》りし、先頭に立った者の頸《くび》を斬り、ついで二番目の男を飛び違えて生胴《いきどう》を斬った。いずれも一と太刀である。

残る三人は度を失い、あわてて逃げ出そうとするのを地べたを蹴って追いすがり、一人の後頭部を断《た》ち割り、一人の腕を斬り、最後の一人を蹴倒した。そして、手負いの者と蹴倒した者の二人を縛り、悠々と立ち帰った。

生存者の話によると、左門の姿は見えず、白刃だけが銀蛇のように躍《おど》っていたという。

そんな絶妙の遣い手である。

藩主の黒田長政が一日、朝勝に問うた。

「そのほうと左門と立ち合ったらば、勝負はいかがであろうな」

「はて」

朝勝は小首をかしげ、そのまま深沈と考え込み、やがて答えたのは、

「とてもとても」

というなんの変哲もない謙退《けんたい》な言葉だった。あまりに長く考え込んでいたので、長政はじれたのだろう。

「さようか」

と言って、その場はそれで終わった。

この席上に朝勝の門弟が連《つら》なっていた。かれはその夜、朝勝のもとを訪ねてただした。

「われら、左門どのといえども、師匠には及びもつかぬと存じます。しかるに、ご謙退なお言葉、感じ入りました。返答いかんでは、殿は立合いをお命じになったかもしれません。無用なことをなさらずにようございました。したが、長々となにをお考えになっておられたかが解《げ》せません」

「なに、その立合いを本気で考えていたのさ」

と、朝勝は笑って答えた。

「久しぶりに血が騒いだ。が、わしには人と仕合う資格がないのだ。なぜか。勝負はときの運によるというが、勝ちは勝ち、負けは負けだ。負けた兵法者はそして、消えて行くばかりである」

「では、師匠はお負けなされたことがおありなのですか」

朝勝はそれに答えず、遠くを望むようにして続けた。

「わしが兵法を志した当初、よき師に仕え、その名に便乗しようと思った。ついで、こけ脅しの威風を飾り、相手を闘わずして屈伏させ、いっときの栄華を得た。が、それだけのことであった。近ごろようやく、兵法の道に触れたと思っている。微塵流とは、もともと一撃にして相手を砕くという意であったが、いまはあらたまった」

「どのように」

「一身を微塵にして、修行を怠らぬこと。すなわち微塵の身には、勝ち負けを争う資格がないのさ」

　この朝勝は、長政の没後、入道して黒田家を去った。中国筋から上方を往来し、自己の兵法を指導弘布していたが、中国路で病死した。この年月はわからない。が、その間、黒田家から合力米が続いていたという。

　後年、遊行《ゆぎょう》四十九世、一法上人が筑前博多へ巡錫《じゅんしゃく》したさい、微塵流四世を継ぐ松井兎角之丞重勝という者に会い、はからずも伝書を手に入れた。それによると、流祖信太《しだ》大和守朝勝は以前、常陸江戸崎にいたと伝えている。

　朝勝はたぶん、根岸兎角の後身である。姓の信太は、江戸崎を含む一帯の地名だし、四世松井兎角之丞の名は、流祖信太朝勝の前名、兎角にあやかろうとしたものだろう。根岸兎角は数奇な半生を経て、身を微塵に砕く境地にまで達したと思わねばならず、そうとすれば、変身というのが妥当かもわからない。

柳生宗矩・十兵衛

赤木駿介

家康との出会い

文禄三年（一五九四）五月三日、徳川家康の意向を受けた黒田長政の使者が柳生の里にやってきたとき、柳生一族の運命が開いた。

石舟斎が末子の又右衛門宗矩《むねのり》をつれて、洛西紫竹村の鷹ケ峰《たかがみね》に滞在していた家康をおとずれたのは、それから数日後のことだった。石舟斎は家康から「無刀取り」を所望され、わが子宗矩を相手に、ついで家康自身にも秘技を示した。感銘した家康から師範役にと乞われたのを固辞し、わが子を推挙し、ここに主従の関係が生まれた。

柳生一族にとって、これがどんな意味をもつことになろうか。石舟斎にはあるところまではわかっていたが、まさかこのあと、ほとんど不動に近い一族の安泰が生まれてこようとは、さすがに読みきれなかった。

このとき、柳生石舟斎、六十六歳。入道していた。又右衛門は、二十四歳の血気あふる青年である。二百五十石でかかえられた。

このころの柳生一族は、いままでにない不運のなかにあった。数年前の「太閤検地」のあおりで、何者かによって隠田《おんでん》（租税を納めない田地）を密告され、ほとんどすべての所領を没収されて貧困のさなかにいた。

又右衛門が新しい主君とあおぐ徳川家康は、いまでは秀吉につぐ実力者と、だれもが認めていた。ひらかれた運を、はたして又右衛門の能力《ちから》がどう対処するか。しかしいま柳生一族は、間違いなく失意からの立直りをつかんだのだ。

人はだれでも平等に、その一生において必ず一回の幸運をつかむことができる。いや、運をつかむ、といういい方はおこがましい。幸運期に入ったことを察知する、というべきであろう。このとき、なんらかの才能が発揮されるか否かが、その後のその人の人生の分岐点、といえよう。

すべての運気を察知できる人は、もうそれだけで才能のある人といえよう。が、問題はそのあとだ。それをおのれの人生にどう対応させるかである。

人の一生は、人知などのはるかに及ばない「天の摂理」によって動いているが、ただ一ついえることは、運気のなかに入ったとき、それを察知する才能のよしあしによって、人生が大きく変わるということである。この才能のあるなしが、じつは、人生上の差なのだ。人しからば、その才能は何によって得られるものなのだろうか。

第一は天与の才。これは動かしがたい。次にやはりそれは、それぞれの分野における努力から生じてくるものだ。しかし、苦しい努力のなかに、まったく楽しさがない、という努力は努力でなく苦力である。人は、多少の楽しさのある努力をみつけなければならぬ。

又右衛門には、天与の才もあっただろうが、運気のなかに入って、幸運を察知する才能もつちかわれていた。連日の厳しい稽古や絶えまない努力のなかに、又右衛門は、人にいえないある楽しさを感じていた。だから稽古は、ただつらいだけのものではなかった。又右衛門の天与の才に、父石舟斎の積年の努力がかさねられた。又右衛門の成長の時期と、石舟斎のひたすらなる剣への研鑽期は合致する。

少年から青年へ、又右衛門は柳生新陰流をぐいぐいと吸収していった。

また、兄たちとの関係も、又右衛門の運と才能に大きな影響を与えた。又右衛門は末子、五男である。長兄厳勝《としかつ》、次兄久斎、ついで徳斎、そして五郎右衛門。二人の兄は、その名のとおり僧門に入っている。五郎右衛門は他家に養子にやられている。

そして長男、柳生家の跡をつぐべき厳勝が、又右衛門の生まれた元亀二年（一五七一）の和州辰市の合戦（松永久秀に属し、筒井順慶を攻めた）で重傷を負い、不具になってしまった。この時期、柳生一族に残された血脈は、石舟斎の子としては、又右衛門ただひとりだったのである。

ほかに柳生の剣の継承者は、石舟斎の孫二人、久三郎（厳勝の長子、三年後に朝鮮で戦死）と兵助（同次男）だが、兵助は十五歳になったばかりである。兵助はのちの兵庫助《ひょうごのすけ》利厳《としとし》。宗矩に匹敵する使い手となり、尾州侯の兵法師範として仕え、尾張柳生の祖となる。

石舟斎の又右衛門に賭ける情熱は、いやでも激しくなったが、又右衛門はよくそれに耐え、そして応《こた》えていったのであった。

密書の使者

こうして、又右衛門宗矩は運気のなかに入り、そして能力《ちから》で、次第次第に柳生の家運を好転させていく。

宗矩は、十九歳の天正十八年（一五九〇）、秀吉の小田原攻めのときに、細川玄蕃允《げんばのじょう》の手に属して参戦したことがあったが、家康のもとで、あらたな才能を発揮するようになる。

文禄三年が、開運のとびらとするならば、この年、すなわち、あの天下分け目の合戦、関ヶ原の戦《いくさ》は、柳生又右衛門宗矩を、未知の分野にみちびき、そしていかんなく才能を発揮させたのである。

慶長五年（一六〇〇）、晩夏の六月、家康はあえて江戸へ向かった。世に有名な会津の上杉討伐にかこつけての石田三成誘発である。家康は七月二日に江戸城に戻ったが、それから十日後の十一日に、三成は近江佐和山城内で、大谷刑部《ぎょうぶ》、安国寺恵瓊《えけい》らと、打倒家康の挙兵を決議した。

家康は、三成の挙兵にそ知らぬふりをして、筋書どおりに兵を北へ向けた。そして二十五日、下野《しもつけ》の小山《おやま》で、これまた有名な小山軍議をひらき、二十九日、反転南下するが、この日家康は、いまは側近として仕えている宗矩に密書をわたした。

「これを老師に……」

密書は、柳生の里にいる、父石舟斎へのものであった。宗矩は大和へ急いだ。


今度筒井順慶斎遺之候間、伊賀守令談合牢人等相集、可有忠節候、猶又右衛門尉口上申付候

七月二十九日　　家康　（花押）
但馬入道殿　　謹言

伊賀守とは、十六年前に死んだ筒井順慶斎の養子定次《さだつぐ》のことである。

順慶斎の死後、筒井の多くの家臣が牢人《ろうにん》している。この牢人たちを集め、徳川の味方にしてほしい。くわしくは、又右衛門の口から……。

「そうか……」

三成の背後の大和から牽制《けんせい》してほしい、というのが家康の狙いだった。

柳生一族は、遠いむかしから伊賀《いが》者、甲賀《こうが》者と近しい。伊賀とは山一つで接しているし、また、柳生から甲賀に抜ける間道に住む、多羅尾《たらお》家とは姻戚関係にあった。多羅尾は、近江信楽《しがらき》ノ庄の上忍《じょうにん》（指導的な立場の忍者）である。柳生一族が、上忍であるという確証は

ないが、いまでは、そうみている史家は多い。

柳生と筒井との関係は、多羅尾のそれとは大いにことなる。筒井は、もとは奈良の興福寺の僧、順覚から出ているから、柳生との仲はむかしからよくなかった。

その筒井が大和を制した時期があり、柳生はしばらく屈辱の年月をもったこともあった。が、いまはお互い、誼《よしみ》を通じている。また、家康と伊賀者、甲賀者との関係は、あの本能寺の変直後のときにいっそう深くなり、以後家康は、この忍者集団を巧みに使っている。

石舟斎の反応は早かった。すでに、このような依頼が家康からくることを予測していたかのようである。石舟斎は石舟斎で、宗矩を徳川家に出仕させて以後、全国から集まってくる武芸者を通して、あらゆる情報を集めていた。

もともと大和は、

スベテ大和ノ国士ハ、ナニガシノ旗下タルト云事ナシ（『玉栄拾遺』）

であって、小豪族の群居するところだった。

いきおい、国外、隣接地に対する情報の収集には、とりわけ神経をゆきわたらせている。

もし、家康とだれかがぶつかったとき、それはどのような展開になるのか。そのぶつかる相手はだれなのか。そしてその時機はいつか……。

信長、光秀、勝家（柴田）、秀吉、利家（前田）のあいつぐ死——。確実に天下（全国）制覇への道を歩みつづける家康に、石舟斎は、狂いのないことをみてとっていたのである。

宗矩の才能は、密書をとどけるといったようなことではない。そのあとの陽動作戦は、ほとんど家康の意にかなうものであり、関ヶ原に向かってきた家康は、途中で受けた宗矩からの報告に、いたく満足した。

関ヶ原の戦勝のあと家康は、石舟斎・宗矩親子の功として、秀吉の弟秀長が没収していた柳生の旧領を返した。さらに、翌年、宗矩を秀忠の兵法師範に任じ、新しく千石を与えた。

宗矩は、江戸城下の南、道三《どうさん》河岸《がし》の南の小路を西に入ったところに屋敷をもらった。秀忠が江戸城に住むからである。

宗矩の剣への道は、このときからさらに幅をひろげていく。同時に、家康がみいだした、関ヶ原の戦い前後の陽動作戦のごとき才能が、戦《いくさ》の終わったあとでも、別の形でいかされてくるが、目下は兵法師範の役を、小野次郎右衛門忠明とともにつとめていくのだった。

将軍師範役

慶長十一年（一六〇六）四月十九日、柳生石舟斎宗厳《むねよし》は、その生涯を終えた。七十八歳であった。

家康によって旧領地を返されるまでの七年間というものは、「おのれの葬式には茶器を売って」とまで貧乏に追い込まれていた。波乱に満ちた一生だったが、ほぼ完成された柳生の剣を、いま立派にわが子宗矩と、孫の利厳《としとし》につなげた。

父の死の翌年、宗矩ははじめての子をもうけた。七郎、のちの十兵衛三厳《みつよし》である。二年前に、秀忠が第二代将軍になり、去年、江戸城の大々的な修築に入った。江戸は、日を追うごとに繁栄していく。毎日のように、木の香も高い家や屋敷が建てられ、全国から集まってくる人々の数も、驚くほどである。

大坂に秀吉の遺子秀頼がいるといっても、すでに万人は、江戸の徳川の天下になったことに、いささかの疑念ももたなくなった。家康の幼い孫千姫が、秀頼のもとに嫁《とつ》がされたのは数年前のことである。

慶長十六年三月二十八日、家康は二条城に秀頼をまねいて対面したが、宗矩はその家康の身辺の警護を命じられた。

緊張をはらんだ対面は、無事にすんだが、この年から宗矩は、妻子（おりんと七郎）を江戸の屋敷に引き寄せ、本格的に江戸での勤めに入ったのだ。

いつしか、宗矩も四十の坂を越していた。長子につづいて、二年後に次男の左門（のちの刑部少輔友矩《とものり》、側室の子）が生まれた。

左門は後年、三代将軍の寵愛を受けるが、二十六歳の若さで病死する。容姿端麗の美男子で、宗矩の武芸の血よりも、やはり宗矩がもっていた文芸の血を引いていたようである。

一つの挿話として、この友矩があまりに家光の寵愛を受けるために、宗矩が配慮して、四万石の大名への話をことわった、というのがある。つまり友矩は、堀田正盛と同じように、家光の寵童だったのである。この友矩の生まれた次の年に、大坂冬の陣がおこった。浅野長政、加藤清正、池田輝政らはすでになく、豊臣家の衰運はあきらかだった。

慶長十九年（一六一四）十一月十九日、宗矩は、南都（奈良）奉行の中坊秀政らと、徳川軍の先導役をつとめた。そして、翌元和元年四月二十八日、宗矩は秀忠の旗本として参戦、木村主計の赤槍隊の捨て身の突撃をくいとめた。このとき宗矩は、生涯で初めてというくらいの闘いをし、人を斬った。そして、きっちりと秀忠の安全を守ったのである。

そもそも、宗矩には、その武勇伝がほとんどない。まったくといっていいほど、若き日の又右衛門に剣の手柄話はない。

ないわけはないのだろうが、伝えられていないのだ。のちにふれるが、長子の十兵衛三厳のありあまる（それが作られたものであるにしても）挿話と対比して考えると、じつにおもしろいこととといわねばなるまい。

大坂夏の陣のとき、宗矩と同じ将軍師範の小野次郎右衛門忠明が、旗本たちと争いをおこして閉門させられた。忠明は、もとの名を神子上典膳吉明《みこがみてんぜんよしあき》といい、伊藤一刀斎の推挙で家康の家臣となった。のちに秀忠の師範になって名をあらためた。宗矩の一歳年上だが、直情径行型の実戦的な剣客だった。将軍秀忠との武芸問答でも、理ではなく技であるといって、しばしば秀忠を不快にさせたりする。

後年、柳生だけが将軍家の師範となっていく過程は、すでに早くからできていた、といってもいい過言ではない。乱世の剣法は、平和な世になって、ついにほろびていかなくてはならなくなる。

この年（元和元年）、三男主膳（のちの飛驒守宗冬《むねふゆ》）が生まれ、兄（厳勝、次の年の元和二年に死去）の子、兵庫助利厳が、徳川義直《よしなお》（尾張徳川家）に五百石で召しかかえられた。

宗矩、四十四歳である。

将軍家光の信頼

千姫の大坂城脱出のさいに、その助力をした一人に坂崎出羽守がいた。のちに千姫の再婚の仲介もたのまれた。坂崎自身が千姫と結婚しようとした、という話は作り話である。出羽守はかつて宇喜多家に仕官していたときに、京に住んでいた。千姫の再婚先は、しかるべき公家がよかろうということになって、家康の命令で、仲介役に出羽守がえらばれたわけである。

ところが、千姫はこの話に気がのらず、かねてから意中の人として胸にあった本多忠刻《ただとき》（桑名城主本多忠政の嫡男）のもとに嫁ぐことになったのである。面目をつぶされた出羽守は、家臣を集めて千姫をうばおうとした。秀忠は手落ちに気づき、使者をたてて出羽守をなだめようとしたが、剛直な出羽守はきかず、ことは紛糾した。ここで宗矩が登場する。将軍秀忠の内意を受けた宗矩は、単身、素手で坂崎家におもむき、出羽守を説得した。出羽守はやむなく切腹した。仲介の労をたのんだ家康が、この年の四月に死んでしまっては、出羽守がいくら反発しても、せん方ないことであった。出羽守の無念が思いやられるが、新しい評価を受けたのは宗矩だった。

生前、出羽守と親しかったとはいえ、捨て身になって武士の意地を張ろうとしていた男を、よくときふせたものだ、と……。柳生家はこのあと、断絶した坂崎家の家紋（二蓋笠）と武具を与えられた。宗矩は、以後坂崎の遺族の面倒をみる……。

こうして、またあらたな才能を知らしめた宗矩は、次第に幕閣の信頼も得ていく。

元和五年（一六一九）春、長男七郎が竹千代（のちの家光）の小姓として出仕することになった。竹千代十六歳、七郎十三歳である。

四年後の元和九年七月、竹千代は三代将軍になった。しかしまだ、政治の実権は大御所秀忠にあって、家康・秀忠の二元政治と同じように、秀忠・家光の形になっていたのである。だが、秀忠にもう兵法・武芸は不用である。宗矩は、三代将軍の兵法師範に任じられたのである。この主従、大いに気が合った。将軍が気にくわなくとも、使っていかなければならない人物というのもいる。それは、人の好き嫌いの激しい家光とて、ある程度がまんしなければならないことであった。しかし宗矩ごとき身分の立場では、将軍に嫌われたら最後である。

家光が宗矩に好意をもったということは、柳生一族にとって、想像以上に幸運なことだったといわねばならない。このとき家光二十歳、宗矩は五十三歳になっていた。やがてこの二人のあいだに、沢庵《たくあん》という高僧が加わって、柳生新陰流が、将軍の剣法、御家流として完成していくのである。

若き日に、京で、またあるときは但馬《たじま》の出石《いずし》で、宗矩は沢庵に教えを受けていた。もっとも沢庵がかかわってきて、家光が帰依《きえ》するようになるのは、もっとあとのことであるが……。また、家光が宗矩と緊密になるのも、さらに数年の歳月をへなければならない。

そうこうしているうちに、家光の小姓として、いままでお気に入りだった十兵衛が、家光の勘気にふれてしまい、小田原の阿倍正次にあずけられてしまう。家光二十三歳、十兵衛二十歳のときである。

これは柳生家にとっては小さからぬ事件だったが、このことによって、将軍師範役の父宗矩の立場がわるくなるということにはならなかった。他の重臣たちの例をみても、法度《はつと》にそむいたのであれば別だが、将軍の感情を害したことによって、子の落ち度を親がかぶるというようなことはない。

少なくとも家光は、他例をみても、そのようなことはしなかった。

十兵衛の失脚の原因は、その性格にあったのではないかと思われる。家光も癇《かん》の強い性格で、気にくわなくなると、突然嫌いになるタイプだった。

そういう家光から拒否されたというのも、十兵衛が若かったためもあるが、もともと十兵衛には、お城勤めは不向きだったのかもしれない。

宗矩は心労した。

翌年、次男の左門（友矩）が代わって小姓として出仕したが、左門はたちまち家光の大のお気に入りになったのである。宗矩は、やっと愁眉《しゅうび》をひらいた。

高僧沢庵の出現

寛永六年（一六二九）三月、又右衛門宗矩は、但馬守になり、従五位下に任じられた。宗矩もようやく、一人前の幕臣になったわけである。六十歳になっていた。

七月二十五日、幕府は沢庵を出羽《でわ》の上ノ山《かみのやま》城主、土岐《とき》山城守頼行《よりゆき》のもとに流した。二年前の紫衣《しえ》事件が尾をひき、沢庵ら大徳寺、妙心寺派が、幕府に対して抗議書を提出したことをとがめられたのである。紫衣事件とは、京五山派との確執から生じたものだったが、幕府直属の怪僧の崇伝《すうでん》の発言によって、仏教独立を目ざす沢庵らが敗北、同時に天皇の立場も弱まり、将軍の政治権威が一段と高まった事件であった。

沢庵の流刑地先の土岐頼行は、当時、槍術で名高かった松本定好の高弟で、のちにみずからの流派をひらくほどの大名だった。頼行は、高僧のほまれ高い沢庵を預ることを、名誉なことだと思った。沢庵は幕府の罪人であるが、日ごろから怪僧崇伝をこころよく思っていない頼行は、ひそかに沢庵を好遇したのである。そしてしばしば教えを乞い、三年にわたる沢庵の流刑中に、師の定好とともに、剣（この場合、正しくは槍であるが）と禅との一致に心をくだいた。

応仁の乱以後、ほぼ百年の抗争のあけくれのなかに、武士階級は、死生の哲学を考えないではいられなかった。禅の悟りと剣の道の一致は、多くの武士の心のなかで、次第に醸成されてきたのであった。

沢庵がのちに宗矩に与えた、かの有名な『不動智神妙録《ふどうちしんみようろく》』（禅の心を剣にたとえて説いた法語）は、いうなれば時代が生んだ必然の書、ということができる。

寛永九年一月、大御所秀忠が死去した。その恩赦でもあったが、十万石の堀丹後守直寄《ほりたんごのかみなおより》、天海僧正《てんかいそうじよう》、そして宗矩らの赦免運動もあって、沢庵は、その年の七月、赦《ゆる》されて自由の身となった。

自由になったといっても、すぐに京へ戻ることはできなかった。沢庵が江戸をはなれるのは、二年後の寛永十一年六月である。この間に崇伝が他界した。

この二年間の江戸滞在中に、家光の沢庵への印象が変化していた。沢庵はいったん大徳寺に帰り、堺へ行き、それから故郷の出石に帰って安住しようとした。ちょうどそのとき、家光が上洛してきた。その少し前、天海、直寄《なおより》、宗矩から、あいついで沢庵のもとに書面がおくられてきた。いずれも、お礼のために京へ行って家光に会え、というものだった。

沢庵に会った家光は、その人となりに打たれた。

家光には、このような素直ないい面があった。好き嫌いの激しい性格だったが、家光は自分自身の判断をもっていたし、その人に会うまでは、固定観念にしばられるようなところはなかった。

沢庵だけにかぎらず、家光にとっても、この出会いは大きかった。また、二人を通して、宗矩に非常に大きな作用をもたらした。あるいは、沢庵と家光の交流によって、最も利益（広義の意）を得たのは、宗矩だったかもしれない。若かりし日の沢庵への参禅が、まさか柳生にとって、こんなものになろうとは、宗矩にも考えられなかったろう。

翌年十二月、一年余の家光の執心をことわりきれなくなった沢庵は、ついに江戸へ出てきた。それからの家光の沢庵への好意は、なみなみならぬものになった。一介の草庵に仏法を求めようとした沢庵だったが、やむなく江戸にとどまらざるをえなくなったのである。

家光の沢庵への傾倒ぶりは、いささか異常と思えるほどであったが、家光という人には、多分にこのような性格的な面があった。お能や茶の湯にかこつけては呼びよせ、二人っきりで深夜まで話し込んだり、みずから茶をいれたりした。さらに家光は、いつまでも宗矩の屋敷住いではいけないと、沢庵が固辞しつづけるにもかかわらず、広大な寺院の建立を断念しなかった。やがて、二人の妥協したところで建てられたのが、品川の東海寺である。これとても、すこぶる大きなものだったが、家光の考えていたものは、これよりもはるかに大きいものであった。

しかし、家光が沢庵にほんとうに帰依《きえ》したあかしは、かつて沢庵が命を賭して幕府に抗議した大徳寺、妙心寺の主張を、家光が全面的に認めたことであった。家光は、老中酒井忠勝を通して沢庵に伝えたが、そのとき忠勝に、

——崇伝は、けしからぬことを申した……。

と、言ったという。寛永十三年三月二十八日のことである。

　山のおく谷のそこにてしなましと　おもひし身さへうき世成りけり

沢庵の悲願は達成された。家光もまた、よいことをしたと喜んだ。絶対的な権力者である将軍が、ほとんど前非を悔いる形をとったということは、一面で家光の大きさといえよう。だが、ここまで人を、とくに時の将軍を惹きつけた沢庵の人間性は、じつにすばらしいといわねばならない。

出色の兵法家（武芸者）である宗矩が、この沢庵に傾倒しないわけがない。将軍のお気

入りだから取入るなどという低い次元のものではないこともまた、あえていう必要はあるまい。

剣禅一如

徳運、という言葉はないが、徳をもっている運のある人は、その徳運とでもいうべき運を、他の人にも与えるのであろうか。つまり、運が運を呼ぶ、運が運をつれてくる、とでもいおうか。

とにかく、沢庵をめぐって、宗矩に対する家光のおぼしめしが、一段とよくなってきたことはたしかである。寛永九年（一六三二）十月三日、四十年近くも加増されなかった柳生家に、あらたに三千石が与えられた。

また、三年前の「武家諸法度」の改定、充実からの一連の幕藩体制の確立が、月日を追うごとにととのってき、その関連として、この年（寛永九年）の九月に、幕府は「旗本諸法度」を定めた。

そして十二月十七日、幕閣は、水野河内守守信（大坂町奉行兼堺奉行）、柳生但馬守宗矩、秋山修理亮《しゅりのすけ》正重（目付）、井上筑後守政重の四人を惣目付《そうめつけ》に任命した。

けっして宗矩だけが、家光から命じられたわけではない。老中（このころは老職）たちの閣議決定を、将軍が裁下したものである。四人の人選のなかに、家光の意向は入っていたにしろ、宗矩だけを特別視するわけにはいかない。

惣目付とは、

いまの世の大目付の濫觴《らんしょう》（おこり）なり……

と、『大猷院《たいゆういん》殿御実紀』（大猷院は家光の諡号《しごう》）は記すが、大目付は諸国大名の動静調査役で、ほかに訴訟の正邪を正し、老中といえども善悪を許られるところの権勢ある職分である。こうしたことから、家光の勘気にふれた十兵衛三厳が、諸国を歩いて父の役目を助けたという話が生まれてくるが、これについては後述する。

この役目には、廉直正義の士が選ばれる。が、もともとは軍《いくさ》奉行で、出陣のときには、「五ノ字の指物」を用いるのであり、宗矩は九月に、これを与えられている。

宗矩がこの職についていたのは、四千石の加増を受けて、一万石の小大名に栄進する、寛永十三年八月十四日までの三年八か月だった。

とはいっても、このとき宗矩は六千石の旗本の大身として大きく認められるようになり、家光の信頼も厚くなってきた。が、家光に不満がないわけでもない。それは、家光自身、おのれの剣法が、どの程度のものなのか、少しも分からないことに対する不満だった。

「但馬《たじま》、予の剣はどうじゃ」

と、きけば、必ず宗矩は、

「けっこうな出来映えでございます」

と、答える。

いつもそうである。

これでは家光でなくとも、不満がたまるであろう。

「もう少し、熱心にやってくれぬか」

その家光の言葉を、宗矩は巧みにかわしてしまう。

「『王剣』に、実戦技は不要でございます」

事実、ほんとうにやるとすれば、いくら新陰流のふくろじない（袋竹刀）であっても、みみずばれや血豆、しびれや打撲は避けがたい。文武のうちでは、文句なく武のほうに興味をいだいている家光だが、必ずしも丈夫なたちではない。それゆえ宗矩は、あえて型にこだわり、型に徹した。

一方、沢庵の出現によって、家光にも「剣禅一如」の精神を進講していく宗矩であった。剣の道のゆきつくところは、死生の境である。戦時は、ただ相手を倒し、殺すことだけが目的であった。でなければ、自分が殺されてしまう。そこには、殺人刀しかない。平和時には、殺人刀でなく、活人剣がなければならない。

大坂夏の陣が終わって十七年。豊臣方の残党や、改易《かいえき》、取《と》り潰《つぶ》しのために浪人になった者たちもいる。これらへの不安はあったが不穏な動きはなかった。二代将軍が死に、生まれながらの将軍家光に対して、諸国の大名たちは、もはや直接反旗をひるがえす気力も財力もなくなっている。

「禁中並《ならびに》公家諸法度《しょはっと》」、「武家諸法度」、「旗本諸法度」、「六人衆（のちの若年寄）の職」、「老中の職」、「参勤交代の制」など、幕藩体制はいよいよ強化されてきた。

こまかいところでは、大名屋敷の辻々に、辻斬りを見張る番所がもうけられたり、江戸城内での口論、争いを禁止したり、午後六時の門限ができたりした。力の論理を発揮できないような方向にもってきているのである。

世の平穏のなかで、剣への哲学が再検討されてきたとしても、少しも不思議ではないし、むしろ当然のことかもしれない。宗矩は、柳生新陰流を、そうした時代にあった剣法にしていかなければならない、と思った。そして同時に、「王道の剣」、将軍の師範として、これらの道理をまとめなければならないと思えたのである。

元来、剣を使う者は、つねに死生を考えている。いつ死ぬか分からない、というところに、神仏への畏敬の念、加護の念が生まれてくる。さらに、人智の計りしれない、天の摂理の不可思議におそれおののくようになる。そしてこのことから、武芸者は神仏の子たらんとし、わが身の内なる心に、天や神や仏を求めんとする。沢庵という高僧を得て、宗矩は、「禅」の精進にすすんだ。

すなわち、「剣禅一如」の理念の完成である。

柳生新陰流の極意

宗矩は、かなり早くから、柳生新陰流の理論体系の伝書化をすすめていた。世に名高い『兵法家伝書』が、急に出来上がったわけではない。宗矩の手もとには、石舟斎の遺稿がかなりあったし、柳生の里にいたときから、宗矩は父の言葉を書きとめてもいた。

柳生一族研究の集大成をなした今村嘉雄氏は、その著書『柳生一族・新陰流の系譜』(新人物往来社)のなかで、宗矩の兵法理論集成の過程を、次のように書いている。

> 最初にまとめたのが、約五千三百五十字の『兵法截合《せつごう》心持の事』(東京・柳生家蔵)で、元和九年二月二日の日付がある。
>
> (中略)それから三年後の寛永三年三月にいっそうくわしい伝書が作られた。『新陰流兵法心持』(同)がそれである。字数で約九千五百、前の『兵法截合心持の事』と同様、学習上の心得や要諦《ようてい》を詳細に述べている。(中略)
>
> この二つは、三学円の太刀や九箇の太刀名を羅列《られつ》した「太刀目録」に対して、「習いの目録」とも「口伝目録」ともいえる。(後略)

元和九年は、家光が将軍になり、宗矩がその家光の兵法師範になった年でもある。宗矩の頭のなかに、柳生新陰流は将軍家の兵法であることが、はっきりと再確認されたのである。

すでに前将軍のときから、そのような自覚はあったが、もはやゆるぎない、といってもいい徳川の御代に、宗矩は感慨をあらたにしたのである。多くの大名、大身の旗本が教えを乞いにきている。柳生新陰流は、御家流として定着したのだ。

宗矩は心をこめて、兵法理論のさらなる伝書化にはげんでいく……。

こうした宗矩にとって、出羽の上ノ山《かみのやま》の流刑地から赦《ゆる》されて江戸にきた沢庵の存在は、何者にもまさるものだった。古来、兵法と禅、武士と禅との関係は、切っても切れないものがある。まして沢庵は、身命を賭《と》して仏法を貫こうとした人物である。その純粋さは、楯《たて》つかれた家光をも感化してしまった。いまでは宗矩は、天海や堀直寄らと赦免運動をしたことを誇りに思っている。

その沢庵から、ある日宗矩のもとに、すばらしい贈物がとどけられた。無題になっていたが、後年『不動智神妙録《ふどうちしんみようろく》』とよばれるようになった一書である。

沢庵は、この書の構想を、上ノ山時代からもっていた。おりにふれては、土岐頼行や松本定好らに説教していたのである。

江戸にきて、駒込の堀の下屋敷に住んだ沢庵は、将軍師範の宗矩のために『不動智神妙録』を記した。これは、まさに「剣禅一如」を説いた「王道の剣」にふさわしいものであった。いや、沢庵はけっして、王道などという小さな一点をみつめてはいない。沢庵は、剣の道に託して、禅の心を説いた。

禅の極地は、「無」である。そのためには、心になにも留《とど》めず、ただひたすら、座禅をくむ。無心になろう、と思ってもいけない。そういう心が、すでにもう無心でないのだ。無念無想こそ、剣の極意である。

剣の道にかぎらず、そのもてる技（技術）が最大限に発揮されるときは、無心になれたときである。しかし、この無心というものは、ただなんにも思わない、考えないというのではない。

あるものを〈思い〉ながら、そのことを〈思わない〉心である。いいかえれば、思ったこと、思ったものを、いっさい忘れている状態だ。妄念《もうねん》とか邪心のない状態なのである。そのように難しいことは、えらいお坊さんや特別な修行をした人でなければできるはずがない、というかもしれない。

しかし、いままでをふりかえってみれば人はだれでも一度は、無念無想の境地に入れたことのあったことに気づく。だが、その境地を、あらかじめ求めて得られる、ということはひどく難しい。そこが大きなちがいなのである。

求めてその状態になろうとするとき、すでに無心ではなくなっている。人に勝とうと思ってはならない。負けまい、と思ってもならない。勝とうという心、負けまいという心をもちながら、すでにそのことを忘れて、相手に向かう。相手の打ち込んでくる剣を、避けようとか、はねかえそうとか思う前に、無心のなかから技が出、いつか相手に勝っている。

これが、柳生新陰流の極意《ごくい》である。

『兵法家伝書』は、沢庵の『不動智神妙録』の強い影響を受けて生まれたが、兵学と儒学に加えて、禅語を多用して、根本論、技術論を展開している。しかし、言うところのものは、不動智、本心、平常心を体得することだとしている。

晩年の宗矩

寛永十七年（一六四〇）正月二日、元旦につづいて家光は、機嫌よく新年の祝いの宴をもった。重臣たちとの宴会のとき、宗矩は、大老酒井忠勝とただ二人だけ、家光から盃をもらった。

『大猷院殿御実紀』は、

御座間にて諸老臣宴を給ふ。酒井讃岐守忠勝及び柳生但馬守宗矩には、ことさら御盃を下さる。

と、記している。

宗矩の喜びはどんなであったろうか。宗矩このとき六十六歳であった。二、三年前あたりから、家光の宗矩に対するおぼしめしが一段とよくなってきた。宗矩が死ぬまでの十年間に、家光が宗矩の麻布の別邸に渡御したのは、二十八回の多きを数える。忠勝邸への百十数回、正盛邸への四十数回につぐものである。家光が幕閣で最も信頼していた大老の忠勝、そして一身に寵愛をあつめていたかの感ある重臣の正盛、この二人につぐということは、いかに晩年の宗矩が家光に好かれていたかの証拠であろう。

ちなみに、麻布というが、宗矩の別邸（下屋敷）は、下目黒村である。行人坂《ぎようにん》の西側一帯、目黒川を見下ろす小丘にあった。当時、このあたりも麻布野とひろく呼ばれていたのだ。家光の渡御のうち数回は、家光自身も好きな剣法の稽古と、しかるべき近習たちの御前試合を見る楽しみであった。

そんなある日、家光はお気に入りの重臣たちと、品川御殿で近習たちの試合に興じていた。

御馬方の諏訪部《すわべ》文九郎という侍が、

「馬上での試合なら、どなたにも負けませせぬ」

と言った。

家光がおもしろがり、何人かと立合わせたが、なるほど広言するだけあって、ことごとく勝った。家光は、いたずらそうな目を宗矩に向けて命じた。

「但馬、相手になってやれ」

一同、大いに好奇心をわかした。宗矩も馬上の人となった。

お互い会釈したあと、二騎が歩みよった。家光は思わず身をのり出した。はたして、宗矩がどのような手腕を示すか。一同もかたずをのんで見守った。

宗矩は、文九郎の馬とおのれの馬との差が、三間ほどになったとき、もっていたふくろじないで、いきなり文九郎の馬の顔をはっしと打った。文九郎の馬は驚いて後脚で立上がった。

「ど、どうどうっ」

と、文九郎はさすがに馬をすぐに落着かせた。しかし、そのとき早くも、ぴったりと馬体を合せていた宗矩は、いとも簡単に文九郎を打っていた。

いつの年の話かはわからない。

寛永十七年九月十三日、宗矩は五百石の加増を受けた。

それから六年後の正保三年（一六四六）正月のある日、宗矩が倒れた。すぐに重態になった。

二月三日、家光は下目黒に急行した。三月三日にも見舞った。七日、重態のつづく宗矩を案じた家光は、京に早飛脚をおくり、名医武田道安を呼びよせた。しかし宗矩は薬石の効なく、同月二十六日、七十六年の生涯を閉じたのである。家光は特例で、宗矩に従四位下を贈った。

……近世かかる家にては例もきかざる贈位の事と……。

『大猷院殿御実紀』にみえる。
宗矩の遺体は、芝の総泉寺で火葬され、下谷《したや》の広徳寺に送られた。
幕府は、嫡男十兵衛三厳に八千三百石、次男主膳宗冬に四千石を与えた。
なお、沢庵は前年十二月に入寂《にゆうじやく》している。

十兵衛三厳

十兵衛は、幼名を七郎といったが、祖父の石舟斎の没した翌年の慶長十二年（一六〇七）、宗矩の長男として柳生の里に生まれている。したがって、尾張柳生をついだ兵庫助利厳のように、石舟斎から直接の手ほどきをされてはいない。こうしたところに、後年、ひたすら剣の道をきわめようとした十兵衛の苦悩があったかもしれない。

十兵衛は、利厳と同じように、祖父の血をひいた天才であった。ただ、そのためといえようか、幼少のころから、多くの者たちの手にあまる乱暴な子供だった。のちに書かれた柳生家の家史である『玉栄拾遺《ぎょくえいしゅうい》』には、

（前略）弱冠ニシテ天資甚梟雄、早ク新陰流ノ術ニ達シ、……

と、あえて記してある。梟雄《きょうゆう》という表現はおだやかではない。しかもそれは、他家や第三者が書いたものでなく、まぎれもなく柳生家の家史そのものにそう書かれているのである。いくら乱暴な子供だったとはいえ、梟雄という言葉をつかい、その上に甚《はなはだ》といっているることを考えると、なみたいていの子供ではなかったようである。

梟雄とは、悪強いとか、残忍性のある傑物といった意味がふくまれている。おそらくそうしたことから、江戸期の実録本や明治期の講談などに、十兵衛を隻眼《せきがん》にさせるようなイメージを生ましめたのであろう。

とにかく、隻眼にかぎらず、十兵衛は柳生一族のなかで、とりわけてじつにさまざまな物語の主人公としてもてはやされている。『柳荒美談』、『柳生名誉録』、『柳生十兵衛旅日記』の主人公として、いまでも多くの十兵衛信者やファンをもっている。

さきにも少しふれたが、十兵衛は大坂夏の陣の翌年、元和二年（一六一六）、父の宗矩に

つれられて二代将軍秀忠に拝謁した。そして三年後の同五年、竹千代、のちに将軍になった家光の小姓として出仕することになった。十兵衛が十三歳、家光十六歳のときである。

少年期におけるこのくらいの年齢差というものは、年上が主人である場合、気さえ合えば、もっともおもしろい関係をつくることができる。遊び相手としてまたとない主従となる。家光が将軍になるのは、それから四年ののちである。この四年間（その後もだが）、十兵衛は小姓として仕えていたわけだが、とにかく柳生の嫡男であり、ただものではない少年であった。普通の少年のように勤められたかどうかわからない。一方、竹千代のほうでも、あたりまえの小姓のように接してはいなかったのではあるまいか。

つまり、徹底して遊び友だち、存分にふざけあえる関係にあったのではないかと想像される。三つ年下で、相手は子供のころから天才といわれた少年剣士（と、書くといかにも十兵衛が安っぽくなるが）である。そしてちょうどそのころ、家光は、少年期のコンプレックスから解放されかかっていた。

家光のコンプレックスとは、二つ年下の弟、国松（のちの駿河大納言忠長《ただなが》）が、自分よりも両親にかわいがられている、というおもいから出ていたものである。ときには、幼い心を痛めて、自分は将軍にはなれないかもしれないと思ったこともあった。

国松がものごとをはきはきと言えるのに対して、竹千代は、しばしばどもるようなところがあったと伝えられている。父秀忠も、母お江与《えよ》ノ方も、一時は後継者に国松をと考えたこともあったらしい。このころは、あとつぎは必ずしも長子でなければならないというわけではなかった。家光が三代将軍になる前後から、長男がお家の跡とり（特別の事情がないかぎり）という、長子相続制が決まってきたのである。

竹千代は、祖父家康のツルの一声で、はっきりと三代将軍の座を得たわけだが、そうかといって、急になにもかもに自信がつくわけではない。家光が自信を得るようになるには、しばらくの歳月が必要だった。

家光は、十六、七歳のころから、ぐんぐんと自信をもつようになった。

十兵衛は、他の小姓たちと同じように、むずかしい時期に、家光のお相手をさせられたわけである。このむずかしさは、かなりのものであったろうと予想される。十兵衛が子供であったり、少年であったころは、自身の抑制もきいたろうと思われるが、やがて十七、十八、十九、二十と青年になるにつれて、家光との関係は微妙になっていく。

一方は、天下の将軍である。十兵衛の父が兵法の師範役として仕えているとしても、もはや家光と十兵衛の関係は、明らかに一線を画するところとなっていたであろう。十兵衛ももちろんこのことを十二分にわきまえていたはずである。にもかかわらず、十兵衛は失敗した。

家光の勘気の原因については、どの書物もふれていない。ふれようがない勘気だったのかもしれないし、このころにはよくあることだったので、いちいちその詳細を書くことをはばかったためか、とにかく十兵衛は小姓として失格したのである。

『玉栄拾遺』は記す。

元和五己未《つちのとみ》年、大猷大君（家光）ニ奉仕シ玉フ。爾来《じらい》寵遇甚《はなはだ》厚シ。一旦、有故而、相模国小田原ニ謫居《たつきょ》シ玉ヒ、尚《なお》諸州経歴アリト云《いう》。（後略）

また、十兵衛自身の著になる『月之抄』には、

寛永三年拾月日、さることあり、て、君の御前を退て、私ならず、山に分け入ぬれば、みづから世をのがるると、人は云めれど、物うき山のすまひ……（後略）

と、ともに故ありてとか、さることありてとか、その真意をかくす表現をしている。家光のわがままとか、将軍の気まぐれとかいうのはやさしい。しかし、この年の夏から秋の終わりにかけての家光の心労は非常なものがあったことを考えると、十兵衛はやはり、どこか配慮の足りないところがあったようである。

後年になるが、十兵衛に対して沢庵和尚は、

久々御随意に在所《ざいしよ》に御座候間、又立帰御奉公、少《すこし》者《は》御苦労に可レ被《おぼ》二思《し》召候《めさるべく》一、御酒さへ不《まい》レ参《らず》候はば、万事可二相《あい》調《ととのうべく》一候。其段《そのだん》随分御心持専用候。

と、書状にしたためている。酒さえあまり飲まなければ、というあたりの沢庵の手紙を読むと、十兵衛は酒が元で家光の勘気をこうむったのではないかと考えられなくはない。この年家光は、上洛し、いまだに秀吉や秀頼のことを思っている上方の人々に、将軍としての権威を示したが、その間に母お江与ノ方を失っている。公私ともに、大いに感情のゆれ動いた年だったわけである。生来、それほど体の強くない家光は、心身ともにかなりまいっていたことと思う。

武者修行と『月之抄』

十兵衛が家光の勘気を受けて、勤めを一時やめたということは、以後の十兵衛の人生を大きく変えることになった。十兵衛にとっては、普通の意味の人生の大転換ではない。人生の根本を変えることになったといってもいいだろう。

武官吏、能吏としての柳生家の嫡男ではなく、真の武芸者への転換である。将軍師範役の将来がいいのか、それとも天性の剣士の将来がよかったかは、人それぞれの見方によって評価の分かれるところだろうが、わたしは、十兵衛のような男は、宮仕えよりも、野にあって、存分におのれの天性をいかした方が、はるかに幸福だったろうと思う方である。

十兵衛は、柳生の里で、おのれの剣の真髄に迫る修行に打ち込んだ。

しかし、十兵衛が小田原に退いてから家光に許されて再出仕するまでの十三年間の記録はほとんどない。こうしたところに、自由な十兵衛像が生まれてきた。

とくに、父宗矩が惣目付に任命された時期と、十兵衛が家光の勘気にふれた時期とが重なるときに、十兵衛の諸国武者修行にかこつけての諸大名探索の話が生まれてくる。城と城を取りまく地形、水路、道路、米の出来高、田畠の好否。さらには、家臣団の真の構成力、組織力、氏名、年齢、禄高といったものまで、隠密裡にさぐっていた……。

あるいはそうであったかもしれない。ただ、十兵衛の伝えられる性格を考えると、何人かの配下はいたであろうが、どことなく不向きだったように思えるのである。

しかし、江戸期や明治期に生まれてきた、他家の弱点をさぐって活躍したり、武者修行でのいくつかの面白いエピソードにくらべれば、諸国探索の十兵衛像は今日的である。隻眼であったとか、慢心・発狂の十兵衛を沢庵和尚が精神療法をほどこしたとなると、もうこれはお話以外のなにものでもない。

十兵衛が家光の勘気にふれて致仕《ちし》(辞任)したということは、十兵衛自身はもとより、柳生家にとっても大きな転換になったことは否定できないのである。十兵衛の弟の宗冬《むねふゆ》が、父にも優るとも劣らない能吏だったことは、微妙な時代の微妙な立場を守り切ったことでもよくわかることである。

ともあれ十兵衛は、大衆好みの英雄であり、剣豪として、えがきやすい人物なのである。十兵衛は、物語の主人公として、魅力あふれる人物として受け入れられる要素を、十二分にもっていたといえよう。

父宗矩の死んだあと、家督をついでからの十兵衛は、人が変わったようになったという。しかしおそらく、それよりかなり以前から、十兵衛は広い意味での人生に対して、謙虚になっていたのであるまいか。若かりしときの十兵衛は、その粗暴な性格に加えて、大の酒好きだったというところに、性格的な破綻《はたん》も考えられる。

十兵衛は、慶安三年（一六五〇）三月二十一日に、柳生の里からほど近い山城の弓淵というところで狩猟中に頓死する。四十四歳という若さだったことや、それまでの十兵衛の人となりなどから、毒殺されたなどという説もでるほどであった。酒豪にありがちな、心臓か脳をやられての急死であろう。

十兵衛はしかし、たんに粗暴なだけではなかった。『月之抄』にみられるように、感受性の鋭いところがあり、かなりの文才ももっていた。

『月之抄』の序文は、なかなかの名文である。この文体から、とても粗暴で野卑な十兵衛は想像しにくい。酒乱であったというのなら分かる気はするが……。

寛永三年拾月日、さることありて、君の御前を退て、私ならず、山に分け入ぬれど、みづから世をのがるると、人は云めれど、物うき山のすまひ、柴の庵《いおり》の風のみ荒れて、かけひならでは、つゆ音のうものなし。此世の外はよそならじと侘《わび》ても至《いたる》つれづれ、先祖の跡をたづね、兵法の道を学ぶといへども、之を習ふ心持やすからず、殊更此比《このごろ》は自得一味をあげて、名を付て、習とせしかたはら多かりければ、根本の習をもぬしぬしが得たる方に聞請て、門弟たりといへども、二人の覚は二理と成て、理《ことわ》りさだまらず、さるにより、秀綱公より宗厳公、今、宗矩公の目録を、取あつめ、ながれをうる其人々にとへば、かれは知りかれは知らず、かれ知たるは則《すなわ》ちこれに寄し、かれ知らざれば、又知たる方にて是をたづねて書し、聞つくし、見つくし、大形習の心持ならん事を、よせて書附は、詞《ことば》にはいひものべやせむ、（中略）……

尋行道《たずねゆくみち》のあるじやよるの杖　つくこそいらね月のいづれば

よつてこの書を月之抄と名付る也。ここに至てみれば、老父のいはれし一言、今許尊く、感心浅からず也。かくのごとく云は、我、自由自在を身に得たるに似たり。さにはあらず。月としらば、やみにぞ月はおもふべし、一首

月よよし、よよしと人のつぐくれど　まだいでやらぬ山影のいほ

寛永拾九年 壬午《みずのえうま》二月吉辰筆ヲ染ル

『月之抄』はこの序文のあとに、技術編となっていくが、石舟斎や宗矩の目録の総ざらいの書である。

宗矩の『兵法家伝書』に、長い歳月の発酵作用があったと同じように、十兵衛の『月之抄』もまた、青少年期からの歳月が生ましめたものである。

十兵衛は、この『月之抄』を、寛永十九年（一六四二）にまとめあげるが、祖父や父の言動に、おのれの修行の成果も加え、きわめてユニークなものとしている。

結果論としていうのではなく、十兵衛がもし、お城勤めをつづけていたら、もしくは、つづけられるような性格であったら、『月之抄』のようなものは生まれなかったであろうと推察される。

また同時に、柳生の新陰流をあんなに早く全国に完全に普及せしめたかどうかも分からない。

だから、十兵衛の致仕していた十三年間は、偶然とはいえ、逆の見方をすれば、柳生新陰流にとっては大いに益したように思えるのだ。

十兵衛は、この十三年間か、あるいは四十四歳の全生涯までにか期間は不明だが、全国からの門弟、一万二千余人を数えたという。

柳生新陰流は、一方では将軍の御家流としてその権威を誇ったが、一方では同時に、そうした権威とは別に、あの美しい柳生の里の道場で、剣の息吹をあふれさせていたのである。

むしろわたしには、こうした柳生新陰流のほうに、江戸時代のロマンを感じるものである。

柳生街道を歩けばさらにいいが、普通に、奈良からの国道を通って、一度でも柳生の里に足をふみ入れると、むかしとさして変わらない里の風情に、思わずみとれてしまうのである。

排気ガスをまきちらす自動車や、不粋な近代建築にはげんなりさせられるが、それらをおぎなってあまりあるのが、里をとりまく、むかしと変わらぬ山々や木々、田、畑、坂、小川などである。

柳生の里は、いまも美しい山里である。

十兵衛杉は、むかしの杉ではないが、その姿のなかに、柳生十兵衛三厳をしのぶことはできる。

この杉は、十兵衛が諸国武者修行に立つおりに植えたもの、という伝説があるが、その真偽はぬきにして、なかなか見事なものである。枯れかかってはいるが、その立っている姿がじつにいい。それはあたりの風景、借景のためだ。小丘にすっくと立ち、天に真っすぐに伸びているさまは、いかにも十兵衛杉という感じである。

十兵衛以後の一族

十兵衛は、寛永十五年に御書院番として再出仕するようになったが、家光の勘気は、もうとうにとけていた。

感情を害したくらいで、十数年間も放っておかれるものではない。その間に、あえて反抗的な言動をとるとか、身をつつしまなかった、というような場合は別にして、家光の勘気を受けた者はじつに多いが、たいていは、一年以内で勘気はとけている。家光自身、怒ったこと、不快になったことは忘れてしまっている。人は、怒ったことよりも、怒られたことのほうが、忘れられないものである。

将軍の勘気にふれて、再出仕がおくれるのは、たいていの場合、勘気を受けた側の遠慮とか、思惑によることが多い。家光についていえば、他家の例をみても、このことはよくわかる。

柳生家でも、十兵衛の再出仕は、たぶんに宗矩に考えあっておくらせたようにみえる。

それに、十兵衛としても、柳生の里において、剣の真髄にふれんとしているときに、お城勤めでそれを中断するのは忍びなかったと思われる。家光のお側には、お気に入りの友矩もいるし、宗冬もいる。

寵童で病弱な友矩はともかくとして、その弟の宗冬は、兄二人よりはるかに役人向きであった。

宗冬は、幼少のころから、「剣の道」についてほとんど興味を示さなかった。何事においても、気のりうすの者に、上達のあったためしはない。

宗冬は、幼名を又十郎といい、十兵衛と同じ正室の母から生まれている。八歳年下だったが、寛永十五年、異母兄の友矩のあとで家光の小姓にあがった。宗冬は体力もなかったせいもあって、「剣の道」よりも、はるかに読書が好きで、学問に興味を示す子であった。寛永九年の十八歳のとき、土居能登守の邸で観た喜多《きた》十太夫の猿楽《さるがく》に、翻然《ほんぜん》となるところがあって、身を入れて柳生新陰流を習うようになったという。

先にも書いたように、宗矩の死にともない、所領の内の四千石を受けることになったわけだが、嫡男の十兵衛がいるのに、こうした拝領を受けたということは、いったいどういうことであろうか。

考えられることは、十兵衛の自発的申し出か宗矩と家光との話し合いか分からないが、兵法師範役には、十兵衛ではなくて、宗冬が内定していたか、近い将来かわるとかいう話があったのではなかろうか。十兵衛自身も、赦《ゆる》されてはいるものの、一度は将軍の勘気にふれた身であり、自分と家光とは気の合わないことを熟知していたと思われる。窮屈なお城勤めよりも、あの美しい故郷の山河で、まだまだ奥のある剣の道に精進したいと思っていたのではあるまいか。

わたしは、隻眼《せきがん》無敵の剣豪十兵衛のイメージよりも、どうせお話にするのなら、剣の道とお家（江戸柳生家）の将軍師範役のあいだで苦悩したであろう十兵衛のほうに、はるかに人間的な興味をいだくものである。

十兵衛三厳は、ついに自然児であった。

宗矩が死んで三年目の慶安二年、宗冬の嫡男の宗春が生まれた。宗冬は、兄十兵衛の死後、おのれの四千石を返上し、あらためて兄の八千三百石の遺領をついだ。十兵衛には嫡男が生まれず、二人生まれた子供はどちらも女子であった。

宗冬は、家光の兵法師範役のあと、家光の死去で四代将軍となった家綱の師範役も継承し、以後、江戸柳生家は、幕末まで、将軍師範役をつづけるが、真に将軍師範役らしかったのは、この宗冬までであったようである。

宗冬にも、兵法書がある。『宗冬兵法聞書《ききがき》』がそれである。沢庵、父宗矩、次兄友矩、父の門弟庄田喜左衛門らのおりおりの話や、対話、和歌などのやりとりを書きまとめたものである。

柳生家には、この将軍師範役の江戸柳生家のほかに、尾張家に仕えた、兵庫助利厳（兵助）の尾張柳生家もあり、やはり、幕末までつづいた。兵庫助利厳の剣豪としての強さは、叔父の宗矩より強く、いとこの十兵衛と互角、あるいは上とみている人もいる。また、石舟斎が、すべての奥義を与えたのは、石舟斎が天才とみた兵庫助だけであるという見解がある一方で、天下は将軍のものであり、その師範役こそ柳生新陰流をつぐのだから、石舟斎がすべての奥義を与えたのは、宗矩だけであるという見解をのべる人もいる。

いずれにせよ、柳生一族は、信長、秀吉、家康という、天下を動かした三者の政争のなかで、最もむずかしい「剣の道」の正統をかちとったのであった。仕えるべき主君の選別すら難解をきわめる時代に、死と背中あわせの「剣の道」で、数多いライバルにも勝ったのである。さらに、戦火のおさまった平和な時代に入っての「剣の道」の方向も、あやまらなかった。

たとえ高僧沢庵という人物を得たにしても、「剣禅一如」の大きい道を敷いたことは、ただ幸運だった、というわけにいかない。やはり、石舟斎、宗矩、十兵衛、宗冬、兵庫助ら、柳生一族の能力《ちから》というものは、じつに大きいものであった。

丸目蔵人佐

野村敏雄

朴直九十年

タイ捨《しゃ》流の流祖丸目《まるめ》蔵人佐《くらんどのすけ》は、寛永六年（一六二九）五月七日、九十歳の高齢で肥後《ひご》国球磨《くま》郡人吉《ひとよし》（熊本県人吉市）で没した。まれにみる長命の剣豪といっていい。

生まれたのは天文《てんぶん》九年（一五四〇）である。一年おくれて徳川家康が誕生している。その翌年には戦国の歴史を変えた鉄砲が、種子島《たねがしま》に伝来した。それから七十三年たって家康は死んだが、蔵人佐はそのあとまだ十三年も生きるのだ。世はすでに三代将軍家光の時代に入っている。蔵人佐が死んで六年目には、参勤交代の制度が確立するのである。まさに戦国末期から江戸初期にかけて、丸目蔵人佐は生きたのだった。

いったい一流の剣豪には長命のものが多い。蔵人佐と同時代の剣豪では、蔵人佐の師で新陰流の祖上泉伊勢守信（秀）綱が六十八、信綱の高弟疋田豊五郎《ひきたぶんごろう》が七十、同じく柳生石舟斎宗厳《やぎゅうせきしゅうさいむねよし》が七十八である。塚原卜伝《ぼくでん》は八十二という。一流の剣客が長生きをしたというのは、剣道と寿命のかかわりをしめしている。それにしてもこれほど丈夫で長保《も》ちで、しかも故山に悠々骨を埋めるという例は、そうザラにあることではない。

長寿のほかに蔵人佐にはもうひとつ特色がみられる、いうなれば純朴にして剛直な性向である。それも南国的な明るさをともなった朴直《ぼくちょく》さだ。激しているときでも、どこか人のよさがつきまとうところは、武術流派の鼻祖《びそ》としては、やはり少しく異色の存在といえるだろう。

蔵人佐は師の上泉信綱に心酔していた。骨がらみといっていいほど惚《ほ》れこんでいた。いうまでもないが、信綱は当時すでに剣聖の名をほしいままにした天下一の兵法家だった。その門人には疋田豊五郎、神後伊豆《じんごいず》をはじめ柳生宗厳、宝蔵院胤栄《いんえい》、松田織部之助《おりべのすけ》、奥山休賀斎《きゅうがさい》など当時代表的な剣客がぞろぞろいた。むろん蔵人佐もそのうちの一人である。信綱が足利将軍義輝の前で、新陰流の武技を上覧に供したとき、えらばれてその打太刀《うちだち》をつとめたのは蔵人佐である。実力では同門の誰にも引《ひ》けはとらなかった。

天正五年（一五七七）、信綱が死んだとき、蔵人佐はそばにいなかった。肥後に帰郷していて知らずにいた。たまたま新しい刀法を工夫し、それについて信綱から教えを受けようと思い、肥後から上ってきて、大師の死を知ったのだ。

蔵人佐は、そのときあたり憚《はばか》らぬ大声をあげて、男泣きに泣いたという。天正五年は蔵人佐三十八歳の壮年である。恩師信綱を追慕のあまり、天を恨み身もだえして号泣したという蔵人佐の純真さは、年齢とは無縁だった。

その信綱の死を契機に、蔵人佐は「タイ捨流」をおこしたといわれる。タイ捨は、「大きなものを捨てる」という意味で「大捨」とするものもあるが、「太捨」「体捨」などと書いたものもある。大捨と体捨では、意味合いも変わってこようが、命名の由来は明確ではない。信綱という大きな存在を失った、という気持だろうか。ふつうには「タイ捨」が多く使われている。

朴直に加えて生来意気旺《さか》んな蔵人佐の気質は、老いてもなお衰えを知らない。

これは江戸時代に入ってからの話になるが、柳生宗矩《むねのり》が将軍家の師範になり、世間から「日本一の剣術使い」と評判されるようになった。公方様の指南役なら剣術も日本一と思うのは世間の人情だが、蔵人佐には気に入らない。柳生宗矩なら、蔵人佐も知っている。かつて信綱門下で相弟子だった柳生石舟斎の五男で、又右衛門といっていたのが宗矩である。そのころはまだ、ほんの乳くさい幼童だった。

「あの童子《こわっぱ》が将軍家の師範とは笑止千万たい、柳生のせがれが日本一なら、わしはどうなるとか」

江戸の評判が、肥後人吉の城下にまで伝わると、蔵人佐はもうじっとしていられない。

「わしと天下の御師範と、どっちが強いか、比べてみようばい」

すぐさま江戸へ旅立った。

柳生宗矩が将軍秀忠の剣術師範になったのは、慶長六年（一六〇一）で宗矩は三十一歳である。つづいて三代家光の師範もつとめることになるが、蔵人佐がその年に出府したとしても、その時点で蔵人佐の年齢は宗矩の倍の六十二歳である。実際に江戸へ出たのは、もうすこし先のことらしいが、どちらにしろ、いい年をして、宗矩と仕合をし、一泡ふかせて世間の目を開かせてやろうという蔵人佐の気負いは、どうみても山出しの剣豪といった風情で、宗矩がそんな仕合をまともに受けると思っていたのなら、いっそ無邪気である。

ときに、その蔵人佐を迎えた柳生では、「これはこれは丸目先生、ようこそはるばるのお運びで……」と丁重な挨拶で、下へも置かぬもてなしぶりである。蔵人佐は面くらった。あげくのはてに宗矩から、「ゆるゆる滞留して、おひまの折りは、門弟どもに稽古をつけてやってください」と頼まれ、その気になって宗矩の代稽古を引受けたという。

蔵人佐の心中をすばやく読みとり、その矛先《ほこさき》を巧みにはぐらかし、おのれのペースにのせてしまった宗矩の機敏とソツのなさはさすがだが、三十も年下の宗矩から手玉にとられてマルメこまれた蔵人佐のお人善しにも、あきれるほどの魅力がある。

『丸目家文書』によれば、丸目家の本姓は山本といい、丸目という苗字は、主家の相良《さがら》家から与えられたものだという。

蔵人佐の父は与三右衛門（尉《じょう》）といった。肥後人吉城主の相良氏に仕えた武士で、蔵人佐はその長子である。『本朝武芸小伝』では、蔵人佐は丸女蔵人大夫とあり、京都朝廷の北面の武士だとしているが、『丸目家文書』の中にその痕跡《こんせき》は見られない。おそらく蔵人佐がしばしば上洛滞京しているので、そのように伝聞されたのであろう。

蔵人佐の先祖については明らかでない。与三右衛門の代に隣家の火事で貰い火をうけ、丸目家が全焼したため系図も焼けてしまったからだという。このため丸目家では、「之《これ》に依《よ》って長恵《ながよし》以来を記《しる》す」として、いまに残されている丸目家の系譜は蔵人佐以降のもので、それ以前のものはない。

長恵とあるのは、蔵人佐の名である。一般には丸目蔵人とよばれているが、はじめは蔵人佐と称し、のちに石見《いわみ》（守）と改め、隠居後は徹斎と号した。フルネームにすると、丸目石見入道徹斎藤原長恵となる。「名がよし」とはシャレているが、藤原姓を使っているのは、主家相良氏の先祖が藤原氏の流れを汲む名家で、その主家から派生している「丸目」の名跡《みょうせき》を賜わったからであろう。

相良氏についていうと、四代周頼《ちかより》のときに遠江《とおとうみ》国相良庄に住したので、これより相良を家号とした。八代頼景のとき肥後へ移って人吉に住し、以後代々人吉城主として、明治維新に及んでいるが、十四代定頼のとき、定頼の第三子の兵庫允氏頼《ひょうごのじょううじより》が、初めて「丸目」を称して相良氏から分家し、臣籍になった（『寛政重修《ちょうしゅう》諸家譜』）。時代にすると南北朝の頃で、これが丸目姓の初出である。

その由緒ある丸目姓を頂戴《ちょうだい》した先祖というのは、じつは蔵人佐の父の与三右衛門だった。しかもそれには、蔵人佐の初陣《ういじん》がからんでいたのである。つまり丸目姓の下賜《かし》は、与三右衛門・蔵人佐父子の軍功に対する褒美《ほうび》というわけである。

蔵人佐の初陣は弘治元年（一五五五）、十六歳のときである。待ちに待った初陣だった。

それというのも、子供のときから蔵人佐は剣術が大好きで、朝起きればもう木剣をにぎって、木立を相手に「エイッヤッ」とやっていて、ほかのものには目もくれなかった。やりはじめは誰もこんなものだが、そのうち少し大きくなると、立木打の激しい稽古に明けくれるようになった。

のちのタイ捨流、示現《じげん》流の激烈果敢な刀法の基本は、この立木打が源流といわれる。立木にむかって寸時もゆるまず、ただ打って打って、気絶するまで打ちまくる激越な稽古である。おっそろしく単純な鍛錬だが、こんな修行でも人の二倍も三倍も積み重ね、乗りこえていかねば、一流の道は遠いのだろう。好きでなければ、とてもやってられない修行である。

弘治元年といえば川中島の合戦がある。ほかにも織田と今川、毛利《もうり》と尼子《あまこ》、朝倉と一向宗徒、三好と細川……各地で戦《いくさ》がつづいている。ここもと西国肥後も例外ではない。相良家では主として隣国薩摩との争乱が、絶え間もないほど何年もつづいていた。今度の敵も薩摩である。

主君の相良晴広公から、初陣の許しが出たと与三右衛門から知らされると、蔵人佐はとびあがってよろこんだ。日頃の剣術を戦場でためせると思ったからだ。じっさい父親とともに戦にのぞんだ蔵人佐は、薩摩の敵兵を何人もなぎ倒した。日頃の稽古よりも実戦の方がずっと楽だった。打っても立木は動じないが、戦場の敵はかんたんに倒れた。

せがれの働きに触発されたのか与三右衛門の奮戦もめざましかった。父子で手柄を争うというふうである。父子の軍功が大いにみとめられ、名誉の証《あかし》として与三右衛門に、名門相良家の血流である丸目姓が下されたが、そのときの感状が丸目家にある。

就キ㆓去戌年以来ノ弓箭ニ㆒　親父別シテ而被レ㆑抽ンデ㆓忠貞ヲ㆒　両人捨テ㆓身命ヲ㆒粉骨之儀　無ク㆓忘却㆒候
然レバ㆓　者名字之儀懇望候（中略）丸目ノ名字申出候　倍一稜被ルノ㆑願御心底　自今以後奉公
之儀肝要ニ候　為ニ㆓後日ノ㆒染筆候　恐々謹言

十一月十五日　　晴広（花押）

丸目与三右衛門尉殿

これをみると、丸目の苗字は与三右衛門の方から望んだことになる。もっとも、こうした例は与三右衛門に限ったことではない。相良家でも他の大名家中でも、事あるごとに主人と家来の間でおこなわれていたことである。家臣にすれば、主家と親戚になった気分であり、それによって主従の絆《きずな》と信頼が強められたのである。

清水寺の天下一

初陣ですっかり自信をつけた蔵人佐は、翌年人吉城下の家から離れて、天草島へ渡った。

天草本渡《ほんど》（戸）城主、天草伊豆守に入門して兵法修行をすることになったのだ。自信をつけたといっても蔵人佐はまだ、本格的に兵法を学んだことはない。戦場以外に肥後から外へ出たこともなかった。だが若者の意気は軒昂だった。夢も壮大である。

「おどんの望みは、日本一の兵法者になることばい」

内心では、これから入門する天草伊豆守のことも、瀬戸（本渡）の兵法ではたいしたことはあるまいと、ひそかに思ってさえいた。天草伊豆守は中条《ちゆうじよう》流を能《よ》くする肥後では知られた兵法者だった。門弟も多く、城中の道場は活気にあふれているという。城主というので人気も集まるのだ。もとは天草島五豪族の出で「天草衆」とよばれていたが、後年キリシタンに改宗し、秀吉の禁圧に抵抗して、天正十七年（一五八九）、秀吉の部将小西・加藤らの軍に攻められ、他の天草衆とともについに滅ぼされている。蔵人佐が入門したのは、むろんまだキリシタン改宗前の伊豆守である。

入門と同時に蔵人佐は頭角をあらわした。剣法の形になっていないが、なかなか敵《かな》う相手がいない。荒っぽくて野性そのものの蔵人佐の太刀は、うけそこねたら大怪我になりかねない。だんだん蔵人佐との立合いを敬遠するものが増えた。若いからと舐《な》めたらえらい目にあう。形になっていない野性の太刀に、伊豆守が筋を流し入れると、蔵人佐の強さは倍加した。しまいには、誰も立合いのよびかけをしてくれないので、道場のすみで、一人でぽつんと待っていることが多くなった。

待つ相手は伊豆守である。師匠の伊豆守しか蔵人佐の相手はもういなかったのだ。もともと蔵人佐に武術の才が横溢《おういつ》していたことは否めない。純朴で世渡りの知恵には欠けたとしても、後年タイ捨流が九州一円に盛行したのは、単なる偶然ではない。蔵人佐の才能が、タイ捨流という独自の流儀に昇華して、求道の士を魅了したのだ。

入門一年余日すると、もはや教師の伊豆守も蔵人佐に勝てなくなった。伊豆守は言った。

「わしはもう（蔵人）佐《すけ》の相手ではない。佐の相手ができる者は、この西国にはおらんようになった」

幸か不幸か、伊豆守を瀬戸《しま》の剣客と軽く見た蔵人佐の予測は当たっていた。伊豆守が小さかったのではない、蔵人佐の才能がありすぎたのだ。伊豆守の刀法を吸収しつくしたときは、師弟の腕は逆転した。しかも逆転の差は広がる一方である。伊豆守は驚嘆し、戦慄した。

「佐はわしから盗《と》るものはのこらず盗った。この上を望むなら、京へ出るほかないだろう……」

蔵人佐は京へ上った。永禄元年（一五五八）、十九歳である。

皇城の地京都には各地から兵法者が蝟集《いしゅう》する。伊豆守が、この上の修行の場としてすすめたのも、そのためである。しかし師匠と目ざすような特定な兵法者が、蔵人佐にはいなかった。コネもなかった。そうなると方法はふたつしかない。人の噂から兵法者を知って尋ねていくか、手っとり早く「天下一」の高札《こうさつ》を立てることだ。

蔵人佐は後者をえらんだ。清水寺の境内に、「兵法天下一」の高札を立てたのである。世の兵法者の多くが、わが剣名を世間に知られ、それをもって大名家中に就職したいと必死になっている時代である。天下一を立てれば、それを倒して天下一になろうとする兵法者があらわれる。みな売名であり売り込みであった。天下一の高札は都ではそれほど珍しいものではなかった。とはいえ、立札を立てるのは、ふつうにはなかなか勇気のいることである。万一挑戦者に負けても、恥をかく程度ですめばいいが、相手が真剣勝負を望んだ場合、負けたらそれきりである。だが蔵人佐は、真剣で敗れても仕合で死ぬなら本望だぐらいに思っている。度胸もすわっているが、剣術が好きでしかたがないのだ。

さすが天子の住む都である。まもなく武芸者があらわれた。しかも立合ってみると、問題なく蔵人佐の方が上手だった。相手は負け料として脇差を置いて去った。数日して二人目の挑戦があったが、これも蔵人佐の相手ではなかった。米袋を置いてコソコソと消えた。三人目はずっと歯ごたえのある相手だったが、やっぱり敵ではない。強いという噂が立ちはじめ、立札にしるした、「肥後国　丸目蔵人佐」の名が知られてきた。ところが、噂をきいて、挑戦者が増えると思ったら、その逆だった。さっぱりあらわれなくなったのだ。

蔵人佐は立札を清水寺から愛宕山《あたごやま》へ移してみた。はじめのうちは何人かやってきたが、その後はパッタリこなくなった。また場所を変えてみる、結果は似たようなものだった。

すでに名のある兵法者、心ある武芸者たちは、仕合のたびに金品の授受がある見世物まがいの辻勝負など、はじめから相手にしないということに、蔵人佐は気がまわらない。どころか、都にも相手になる者がいないと思い、自分自身が考えていた以上に、「おどんはつよか」と単純によろこんだ。

しかしそんなふうによろこんでも、そこで驕慢《きょうまん》にならないところが、蔵人佐の朴直さであった。都に相手がいないのなら、天下一の札をもってウロウロしても意味がない。そう考えるのである。肥後へ帰って自分の兵法を広めよう。仕える主家もあるから、京にも未練はない。もしおれより強そうな天下一があらわれたら、そのときはまた出直せばいい。そう決めると蔵人佐は、雨ざらしで墨跡もうすくなった立札を肩に、都をあとにしていた。

ところが郷里へ落着いて一年もしたころ、蔵人佐の耳へ新しく天下一の噂が入ってくるのである。それも今度は天下一ではなく「海内無双《かいだいむそう》」という触れこみである。海内無双の兵法者は、門弟を何人も引きつれて関東から廻国修行をしてきた上泉伊勢守信綱という者で、すでに招かれて京の将軍のもとへも参候《さんこう》しているという話である。新陰流という剣術を使うという。

「大きな話だ」と蔵人佐はおもった。つづいて、「見かけだおしの海内無双ばい」と勘ぐった。京都で敵なしの経験から、タカをくくったのだ。だがふしぎなことに、黙殺しようとすると、かえって海内無双の四文字が頭にうかんでくる。蔵人佐の目は都を向いていた。

新陰流入門

蔵人佐は再び上洛《じょうらく》した。永禄六年（一五六三）か七年のはじめであろう。すぐさま都に滞在中の信綱に会い、仕合を申し入れた。断られるかと思いのほか、信綱はあっさり承諾した。だが立合いになると蔵人佐には木剣を持たせ、自分は袋シナイを手にした。袋シナイは細長い皮の袋に割り竹を何本も詰めたやつで、相手を傷つけぬために考案された現在の竹刀《しない》の原型だが、これも信綱の創案といわれる。

蔵人佐はしかし、小ばかにされたようで腹を立てた。年は信綱の方が三十ほど上で、見た目はごくふつうの士人で、特に兵法者の感じはない、少なくとも海内無双の顔ではなかった。

「おのれ、一と打ち」

蔵人佐は得意の必殺の初太刀を真っ向から信綱に打ちこんだ。だが打たれたのは蔵人佐の方だった。それも信綱がいつ躱《かわ》し、いつ打ったのか、わからぬうちに一本取られた。信じられなかった。

「いま一と手、所望《しょもう》」

今度はと思ったのが、またもかんたんに打ちこまれていた。わけが判らぬままに三度目は、木剣を合わせる前に強烈な突きをくれた。いけたと思った瞬間、蔵人佐は床の上に這い、肩口を信綱のシナイがおさえていた。シナイはかるく触れているだけのようなのに、蔵人佐は身動きできなかった。まるで大きな赤子が腹這いにさせられているぐあいだ。蔵人佐は参った。わずかに顔を上向けて、信綱を見上げながら、こいつはほんとに人間かとおもった。こんな強いやつが、この世にいるのかと涙が出た。

こうなると蔵人佐は素直だ。たちまち信綱に無礼を詫び、その場で弟子にしてくれと頼んだ。ものしずかに信綱はうなずいていた。

上泉信綱ほど古今を通じて高い評価をうけている兵法者はいない。単に兵法の面だけでなく、人間的完成度でも剣豪中の最高峰におかれている。その信綱を蔵人佐がどこまで理解したかは別として、信綱のような師を得たことは、生涯最大の幸運であったろう。すぐれた師によって、蔵人佐の才能はさらに最大限に引きだされる。蔵人佐も教われば教わるほど奥の深い信綱の剣に無我夢中でついていった。短時日のあいだに蔵人佐の腕はおどろくほど上達し、先に入門した柳生宗厳をおびやかすようになった。そうしたある日、蔵人佐は信綱からよばれた。

「こんどの公方《くぼう》さまの新陰流御上覧のときは、蔵人佐に打太刀《うちだち》をつとめてもらう」

蔵人佐はおどろくと同時によろこんだ。将軍の上覧武技に出られる名誉も晴れがましいが、それにもまして数ある高弟中から、自分が師の相手に選ばれたのがうれしい。初めて信綱と立合ったときは、赤子のようにあしらわれたことを思えば、夢のようである。同時にわずか半年そこそこで、ここまで到達した蔵人佐も、並の資質ではない。

これより前から信綱は将軍の兵法師範となり、寄寓先の柳生（大和）から折り折り京へ出て、将軍に武技や兵学を講じ、「兵法新陰流軍法軍配天下第一」の称を得て、諸国に回札されていた。名実ともに日本一の兵法者となったわけだが、その相手をつとめるのだから、蔵人佐の実力は相当に高く評価されて当然である。

このときの将軍は室町幕府十三代の足利義輝で、まだ二十九歳の若年だった。剣術将軍といわれるほど武道に熱心で、名ある兵法者が京へ来たと聞けば邸へ招いて教えをうけ、義輝自身が兵法者をもって任ずるほど、腕の方も手練《てだれ》者であった。

もっとも将軍が剣術熱心なのは、その背景に打ちつづく戦乱があり、将軍家の威勢は地におちて、下剋上の風潮が国中をおおい、いつ寝首をかかれるかと夜も不安で眠れないという状況があったことも確かで、事実、将軍の不安は永禄八年（一五六五）の五月には現実となり、松永久秀のクーデターにあって、二条第《てい》で憤死《ふんし》してしまうのである。

ついでながら、このとき逆賊に襲われた剣術将軍は所蔵の名刀を何本も鞘《さや》を払って、抜き身のまま手元へ置き、そいつを取り替え取り替えして敵兵を斬りふせたので、敵は怖れて容易に近づけなかったという。

信綱、蔵人佐師弟による新陰流武技上覧がおこなわれたのは、永禄七年、将軍憤死の一年ほど前である。義輝将軍は大満足で、信綱と蔵人佐にそれぞれ感状をおくった。

今度上泉伊勢守兵法、始めて見申し候。比類なき儀、是非に及ばず候。就中《なかんずく》丸目打太刀執心故、所作柄是れ又天下の調（重）宝たるべく候。猶《なお》再会を期するの状件《くだん》の如し

六月十八日　　義輝　花押

丸目どのへ

信綱への感状は省略するが、蔵人佐も丸目一族も名誉のことに思ったろう。蔵人佐が信綱から新陰流の印可を受けるのは、それから三年後の永禄十年（一五六七）二月である。入門以来四年目の二十八歳であった。同門の柳生宗厳はそれよりも早く、永禄八年に新陰流の目録を得ている。蔵人佐の目録（印可状）も丸目家に残されている。

新陰流

殺人刀　太刀

活人剣　太刀

此の両剣は、我家の至要《しよう》（この上なく大切）なり。何れを優と為し、何れを劣と為さん哉、

双剣と謂《い》うべし、空によって飛ぶ、学ぶ者軽々しく之を用うるなかれ。
上泉伊勢守藤原信綱　花押
丸目蔵人左（佐）藤原長弥《ながよし》（恵）
永禄拾年丁卯《ひのとう》二月吉日

大口城の合戦

信綱から印可を受けたあと、蔵人佐は肥後へ帰っている。いつごろ帰国したか不明だが、永禄十二年（一五六九）の三月には、薩摩との戦《いくさ》に加わっているから、それより前であることは確かである。

帰国したのは相良家へ出仕し、同時に新陰の流儀を広く普及させる考えからであったろう。蔵人佐自身はまだ信綱から教えを受けたい剣法上の公案《こうあん》もあったようだが、新陰流の伝播《でんぱ》は信綱が諸国遍歴に出る前からの宿願であった。蔵人佐は大恩ある信綱の志を踏むことに決めたのだろう。敬愛してやまない信綱には、いよいよもって純真律義の蔵人佐である。信綱もそのような蔵人佐を、他の高弟たちとは違った情愛をもって、ながめ接してきたであろう。再会の日を約して蔵人佐は信綱と別れた。

じっさい九州へもどってからの蔵人佐は、信綱の志を自らの使命として、西国各地に新

陰流を広めることに大いにつとめている。むろん後年のことだが、その蔵人佐の努力に対して信綱は、

「九州方面の他流を打ち払ってくれて、満足している」

と感謝している。

しかしこのとき帰国した蔵人佐には戦が待ちうけていた。前にも触れたが、薩摩の島津家と肥後の相良家は、何年も前から国境付近の穀倉地帯をめぐって、激しい争奪戦をくりかえしてきた。今度の戦も薩摩領平出水《ひらいずみ》城の守将島津中務《なかつかさ》から仕掛けてきたものだった。

久々に主家へ出仕した蔵人佐は、さっそく主君によばれ、国境の戦に加わるように言われた。相良家の当主は先代晴広から義陽《よしあき》に代わっている。蔵人佐より四歳若い主君だ。日本一の兵法家上泉伊勢守の印可をもって帰郷したというので、義陽もその蔵人佐を頼もしく感じていたにちがいない。守将の一人として前線の大口城へこもるように命じたのだ。

「島津の仕掛けに乗ってはならぬ。守備を専一と心がけよ」

敵が迫っても城から出るな、と義陽は言った。それが義陽や守将たちの考えであり、申し合わせだった。

大口城のある大口は、肥後境から四里ほどの山間の盆地で、豊かな水田地帯である。島津の狙いもそこにあるが、大口城はその美田を守るために置かれた城で、守備にはよいが城を出て戦うには不利な地形に築かれている。

「心得ました」

蔵人佐は勇躍して人吉の城下を発ち、大口城へ入った。春三月の半ばである。

島津側では、しきりに城の周辺に小人数をチラつかせたりして、何とか城兵を外へおびきだそうとするが、味方は挑発にのらない。貝のように城門を閉じて動こうとしなかった。

一日が二日と過ぎていく。やがて島津側は作戦を変えた。白昼、わずかな兵に多くの荷駄を運ばせて、城の下を通らせたのだ。それを見て蔵人佐はムズムズした。目の前に大きな獲物がいる。ほとんど無防備だし、これを奪い取らぬ手はない。蔵人佐は守将たちに荷駄の襲撃を提言した。守将たちは反対だ。

「あれは敵の計略でござる」

「一歩も城を出てはならぬ、籠城守備が主君のご命令じゃ」

「しかし、目前の獲物に手を拱《こまね》いて見ていることもなかばい。主命も時と場合によりましょう」

いま打って出なければ、かえって戦場の恥を残すことになろうと蔵人佐は主張したが、守将たちに立つ気配はない。そういう間にも荷駄は行き過ぎてしまうではないか。蔵人佐はあせった。

「よか、責任《せめ》はおどんが負う」

ついに蔵人佐は守将たちが止めるのをふりきり、手兵をひきつれて城外へとびだした。

島津勢は荷駄をすてて逃げる。調子にのった蔵人佐勢が追いかける。山間の地形でうかつな追撃は禁物だが、蔵人佐が「もどれ！」と命じたときは、すでにおそかった。前後左右から伏兵があらわれて、蔵人佐勢を包みこみ逆襲してきた。味方の数倍に余る敵である。もとより蔵人佐は獅子奮迅と暴れまわった。だが多勢に無勢でどうにもならない。いくらでも新手をくりだしてくる島津勢の前に、味方は全滅の危機に瀕した。

大口城中から戦況を望見していた守将たちも、ほうっておけなくなった。まわりが止めるのもきかずにとびだして、みすみす敵の罠《わな》にはまったと判っていても、その蔵人佐を見殺しにするわけにはいかない。それッとばかり城門をひらいて、つぎつぎ助勢が外へ出た。思いもかけぬ大激戦になった。島津勢もどんどん加勢をつぎこんでくる。しかも途中から島津勢は少しずつ後退をはじめた。おかしいと気づいても、勢いづいた戦は止まりようがない。

道がゆるい狭間にかかったとき、突然島津勢は反転し、同時に左右の山々からどッと伏勢が押し出してきて、味方の背後を断ち切った。前後から挟撃された味方はたちまち苦境におちいり、一方に血路を開いて退却するのがやっとだった。さんざんな敗北で百三十六人もの将兵が討死した。相良勢は態勢を立てなおす余裕もないまま、国境前線をへこまされて、むなしく肥後へ引きあげた。

蔵人佐は慚愧《ざんき》で身が細った。何という失態か。血気の勇にはやりたって味方を敗北に追いこんでしまった自分が情ない。穴があったら入りたい。主君義陽公に会わせる顔がない。しかし義陽に会う必要もなかった。人吉城下へ着くと、義陽の方から蔵人佐の入城を禁じてきたからだ。

「刀術を知って、兵術を知らぬ。新陰の印可が泣こうぞ」

義陽の不興は当然といわねばならない。大口戦敗北の因は、一《い》つにかかって敵の計策にかんたんにはまってしまった、蔵人佐の浅慮にある。義陽はいっぺんに、蔵人佐に失望した。義陽も戦場では若く勇猛の大将だけに、蔵人佐の軽率がゆるせなかった。相良家中の新しい兵法家として、期待が大きかっただけになおさらである。まさか蔵人佐が敗因になるとは、思いもよらなかったろう。

新影タイ捨流

「出仕差止《さしとめ》」の沙汰が城下の蔵人佐に伝えられた。蔵人佐はつつしんで受けた。切腹でも文句はないところだ。むしろ恩情の沙汰といえる。身分を主君にあずけたまま浪人したようなものである。生かそうと殺そうと主人次第だが、首ひとつつながったことは事実である。蔵人佐のできることはひとつしかなかった。新陰流の普及だ。肥後人吉を本拠に西国一円に新陰流を広めていくことで、主家の恩情にこたえ、あわせて信綱の師恩にも報いることである。そして蔵人佐は、そのときから自分が印可を受けた新陰流を「新影タイ捨流」と変えることにした。蔵人佐が今日まで会得集成した兵法は新陰流のほかに自分で工夫した自流をふくんでいた。正統新陰が目ざしているのは無刀が公案（課題）で、それは柳生宗厳が引きついでいる。蔵人佐の目録は、「殺人刀、活人剣」で、無刀のような理《り》の修行（心法・哲学）がともなうものは、本来が蔵人佐には苦手だし、向いていない。で、自己流の部分をタイ捨とし、その頭に新陰を新影として付したのだった。

当分は日蔭の身だが武士が武を練ることには憚《はばか》りの身分でも差し障《さわ》りはない。むしろ神妙と受取られる。蔵人佐は人吉城下の自家にやってくる弟子たちを教授したり、出張教授をしたりしながら、自らの修練工夫も怠らなかった。もともとメシより剣術が好きな男である。時には他郷へ普及指導にも出かける。そのうちには入門者もおいおい増えてくる。大口戦の汚名もすこしずつ消え、蔵人佐の刀流をあらためて見直す者も増えてきたし、家中の士の入門が相つぐようになった。一、二年もすると上達して代稽古がやれるような頼もしい門弟も出てきた。

肥後人吉の城下を軸に、新影タイ捨流がわずかずつでも周辺へ浸透し、その先へとのびていった時期だ。後年のタイ捨流が九州全土に盛行する下地が作られた時期と言いかえてもよい。

元亀元年（一五七〇）六月、都では師の信綱の天覧武技がおこなわれた。信綱の剣名がいよいよ高くなり、正親町《おおぎまち》天皇から、信綱の妙技を見たいという仰せが出たのである。信綱はこの天覧で従四位下に叙せられ、昇殿を許されたという。もと上州箕輪城の武将とはいえ、一介の剣客としては最高の栄誉をうけたことになる。

肥後で信綱の天覧を知った蔵人佐は、思慕の思い耐えがたく、門弟数人をつれて旧師に会いに京へ上った。信綱との対面はそれが最後になった。蔵人佐は門弟の一人を修行のために信綱のもとへあずけて、肥後へ帰った。信綱は翌元亀二年七月、上州へ帰国し、それから六年後の天正五年にその地で没したというが、一説に柳生の里で客死したともいわれる。

信綱に託してあった門弟からの報《し》らせで蔵人佐が男泣きに泣いた話は冒頭に書いた。新影タイ捨流の頭に付いた二文字が、このとき消される。「タイ捨流」の新たな誕生というよりも、信綱の死によって、今日まで一緒に歩いてきた「新影」の文字を、蔵人佐は故師のもとへ返したのではないか。これからは、われひとりという念が「タイ捨流」の文字から感じられてならない。

ところで蔵人佐の門人たちであるが、『徹斎翁直伝免許之衆』によると、蔵人佐から直接印可を受けた高弟はつぎのようである。

一、太守壱岐守頼寛《よりひろ》公　（蔵人佐晩年の相良藩主、義陽の孫、二十八歳皆伝）

一、相良左兵衛長秀　（藩主頼寛の弟、二十二歳皆伝）

一、相良軍七頼安　（相良家一門、慶長八年印可）
一、相良喜平次頼章　（頼安の子、二十歳相伝）
一、丸目寿斎　（蔵人佐の弟、新影タイ捨相伝）
一、丸目喜右門尉頼蔵　（蔵人佐の弟、元和十年六月印可）
一、丸目吉兵衛　（蔵人佐の弟）
一、木野九郎右衛門
一、神瀬《こうのせ》軍助《ぐんすけ》惟幸《ただゆき》　（小田タイ捨二代目）
一、小田六右衛門
一、菱刈源兵衛
一、有瀬外記
一、伝林坊頼慶　（片岡タイ捨二代目、岩屋山の修験）
一、稲富刑部少輔　（天正二年六月印可）
一、雷電　（肥前鍋島家中）

以下は略すが、全部で二十七人の名がのせてある。

蔵人佐のタイ捨流は、これらの高弟によって次の時代へと伝えられていくが、その流れも〈片岡派〉とか〈小田派〉とか、〈肥前（雷電）タイ捨〉とかに分かれていき、さらにそこからまた枝が派生する。武芸兵法にかぎらず、流派というものが持つ宿命のようなものであろう。これらの門弟の中では、木野九郎右衛門、丸目寿斎、丸目安芸守、丸目吉兵衛らの名が『徹斎諸国における仕合之覚』に出ていて、蔵人佐に同道して諸国遍歴の旅をしていることが判る。

蔵人佐は『タイ捨流秘書』の中で、

「若《も》し執心深き輩《やから》は、まず堅く誓詞をもってこれを伝うべきものなり。大方一流相伝の間、起請三度これあるべし。つとめて軽んずるなかれ」

と道流の相伝が厳粛なものであることを強調し、たとえ千金であろうとも、真に志のないような者には伝授してはならんと戒めている。当時も金で剣術の段位を買うやつがいたのである。

『徹斎於諸国仕合之覚』

『徹斎諸国における仕合之覚』は、蔵人佐の門弟木野九郎右衛門が書いた覚え書で、蔵人佐が他国でおこなった十一件の仕合を、簡単にメモした短い記録である。

実際の仕合数はとてもそんなものではなかったろう。仕合のメモなので興味と期待があったが、取り立てて面白いものでもなく、たとえば

「一、筑紫栄門と矢部之城にて仕合し勝利之事」

といったたぐいの記述で、年月日付の記入もないので、いつ頃の仕合かも判断しかねるが、いくつか拾ってみる。

備後国鞆《とも》の徳村に小松の市助という兵法使がいた。なかなかこのあたりでは腕自慢の者らしいが、どこでどう聞きこんだのか、蔵人佐が泊った宿へ、門人の助康というのを使いによこして、仕合を申し入れてきた。蔵人佐は二つ返事で承諾し、仕合の手順をたずねた。助康が明朝自分の屋敷へ来てくれというので、蔵人佐は約束どおり助康の家へ出向いたが、市助はあらわれてこない。蔵人佐は京から肥後への戻り道だったが、しばらく待ってみた。いっこうに市助はあらわれない。門人の助康も不審におもい、市助を探しに出たが、やがてもどってきて言った。

「うちの先生は、昨夜《ゆんべ》村から欠《か》け落《お》ちしよりました」

「なに逐電《ちくてん》した？」

なぜ逃げだしたのかは書かれていないが、その方が想像の楽しみがあってよかろう。あとに残された門人の助康は、市助にかわってその場で蔵人佐に弟子入りしたとある。

肥後国の三船に荒木勘助という兵法者がいた。蔵人佐と仕合をして、勘助が打ちたおされた。道場には仕合を見ていた弟子たちが大勢いたので、彼等は数をたのんで、蔵人佐と門弟の木野九郎右衛門をまわりから取り詰めるようにして、不穏な動きを見せた。そこで九郎右衛門と蔵人佐は刀の柄に手をかけ、九郎右衛門が彼等にむかってどなった。

「もういちど、今の腕前を、おまえさん方に見せて進ぜようか」

すると甲斐完運、勘助の息子で相模守蔵人、四郎、次郎の三人ほか、居あわせた弟子たちは、みないっせいに刀を腰から抜き取ってほうりだし、蔵人佐の前にひれ伏してあやまったので、そのまま無事にすませた。

薩摩の菱刈郡大口――大口戦のあった所で、蔵人佐には苦い思い出の地だ――に快鏡という兵法者がいた。名前からすると坊主あがりらしい。弟子どもを大勢かかえて、近国に名がひびいていた。蔵人佐はたまたま大口へやってきて快鏡の噂を聞き、快鏡のところへ出向いて仕合を望んだ。あまり愉快でない噂だったのだろう。それに大口戦の苦々しい過去が重なれば、蔵人佐のことだから、クソ坊主こらしめてやろうぐらいの気持になったのかもしれない。ところが快鏡は相手が蔵人佐だとわかると、なんだかんだと弁解や詫び言をならべたてて仕合に応じようとしない。大口は肥後と薩摩の国境だ。タイ捨流元祖の蔵人佐を知らないわけがない。相手がわるすぎる。ひたすら逃げの一手をくりかえすので、蔵人佐も、この辺でよかろうと、引きあげた。

蔵人佐が上泉伊勢守の弟子として摂津《せっつ》の国にいたころ、伊勢守のもとには、諸国の大名衆から預けられた弟子が六十何人もいた。伊勢守のところへ修行に派遣されるほどだから、みな一かどの侍で、腕におぼえのある連中ばかりだった。蔵人佐はその連中たちと仕合をし、一人で七、八人を相手に打負かしては、ちょっと中休みをして、また七、八人を相手に打ち倒し、六十余人をのこらず打ち伏せてしまったので、それからは伊勢守にかわって、蔵人佐が彼等の指南をすることになった。

豊後国に鎖鎌《くさりがま》を使う名人がいた。蔵人佐はその地へ立寄ったとき、鎌使いに仕合を望んだ。鎌使いが言った。

「真剣をもっていたそう」

蔵人佐に従ってきた弟子が、蔵人佐の身を気づかって、

「先生、わたしがやりましょう。ぜひわたしにやらせてください」

と頼んだ。だが蔵人佐は、

「いや、仕合を望んだのはおれだ。おれが仕合をする」

仕合になると蔵人佐は、刀を鞘ごと腰から抜いて、鎌使いに打ちこんだ。鎌使いは蔵人佐の突進をかわすために鎖を投げて、蔵人佐の刀へ巻きつけた。その瞬間鞘がするりと抜け、蔵人佐は刀のみねを返して鎌使いを打ち倒した。

『仕合之覚』は以上だが、いったいタイ捨流というのは具体的にどんな形の剣流だったのか。いわゆる秘伝、極意、奥義といったものがタイ捨流にも残されてはいるが、じつはこういったものから、剣流の具体的な動きをイメージしようと思うと、ちょっとシンドイことになる。たとえば『タイ捨流秘伝巻』を見ると、その中に、

「一、風勢剣　口伝鍛錬《くでん》」

「一、真無剣　位《くらい》条々口伝」

などと出ている。また「タイ捨之流」として、

「茲《ここ》に竜泉と曰《い》ふ、刀斧《とうふ》もと是れ同じ鉄、何すれぞ利あり鈍あり、学ぶべし、云々」

とも出ているが、これらの文字から、タイ捨流の具体的な動作が、すぐに浮かんでくるだろうか。風勢剣も真無剣もそれぞれ技の名称だが、それからして一般には理解がとどかない。もうすこし具体性のあるらしき文もないではない。

「敵の太刀に当りて後《しり》へに退き敵の後を打つ時右にても左にてもはしって勝也　口伝にあり」

「太刀を前に持ち敵の打つ盛に突合せて虚を落て後にて勝也　同様に口伝あり」

といった具合で、判るようで判りにくい。他の流派でも極意とか奥義といえば、特別な例外はあるがみんなこんな調子である。

「この流のつかい方は、前後縦横に飛びめぐり、切り立て、薙《な》ぎ立てするやり方なり、甚《はなは》だ奇なり」

タイ捨流のことをそう説明してあるのは『撃剣叢談《げきけんそうだん》』であるが、これなら素人にもわかりやすい。要するに派手で、めまぐるしくて、荒っぽい、はなはだ独自の剣法であったらしい。

土を耕す剣豪

タイ捨流は年々広まり、西国を風靡《ふうび》する勢いだが、蔵人佐の出仕差止《さしとめ》はなかなか解けなかった。タイ捨流普及の実績もあり、いずれお許しがあると思ううちに、天正九年（一五八一）、主君の義陽は、肥後響原《ひびきがはら》（下益城郡豊野村巣林）の合戦で討死してしまった。まだ三十八歳の若さである。攻城野戦に明け暮れる城主の毎日は、ついに蔵人佐に声をかける時を持たず戦場に消えていった。

蔵人佐の出仕差止がゆるされるのは、義陽の跡を継いだ忠房の代ではなく、そのあとを継いだ長毎《ながつね》のときだった。忠房と長毎は兄弟で、二人とも十代の家督だったが、忠房は十四歳で早世したのだ。主家の事情で蔵人佐の差止宥免《ゆうめん》は、大幅にずらされてしまった感もあるが、蔵人佐が長毎に目見得をゆるされたときは、差止の沙汰を受けてから、じつに二十数年もたっていた。蔵人佐は五十歳前後である。

日かげの道のりは長かったが、暗くはなかった。大口城戦の痛恨をふみこえて、禍を福に転じていけたのは、蔵人佐には剣があったからである。その剣を大成できたのは、かれの天性の資質と朴直の魂であり、渇《か》れるを知らない情熱があったからだ。

出仕差止が解かれ、幼君の長毎にお目見得したのがいつのことか明らかでないが、蔵人佐はこのとき、名を石見（守）と改めた。主人の長毎からは新たに百七十石を給された。それから以後は、長毎、頼寛《よりひろ》、長秀、頼安、頼章らの歴代藩主や一門の剣術指南をつとめたという。このうち長毎をのぞく四人が、蔵人佐の直伝免許を得ていることは、すでに記した。

蔵人佐の後半生から晩年へかけての事蹟は、ほとんど空白といっていい。空白であるのは平穏無事の証《あかし》といえるかもしれない。蔵人佐隠居の年月も不明である。隠居所として藩主長毎から人吉城下の東二里半の土地、切原野《きりはらの》（球磨郡錦町）一帯を与えられ、ここを開墾して田畑をひらいたという。

蔵人佐には男子二人と女子二人の子がいた。嫡男は権内といったが、早世した。二男の半十郎については、系譜の上では早世となっているが、じつは、資性奸悪というので、蔵人佐が家来たちに命じて、猪《いのしし》狩りに事よせて、殺させてしまったという。蔵人佐の陽性な生涯でめずらしく暗いエピソードである。

蔵人佐の二代目は山本八左衛門を名のった。蔵人佐の二女が八左衛門の妻になっている。八左衛門は相良藩士伊集院《いじゆういん》源次郎の三男だったが、源次郎は薩摩で人を斬ったため、本姓をかくして山本を名乗ったという。山本は丸目家のもとの姓だが、三代目からはずっと丸目姓をついでいる。

蔵人佐の最晩年は、農夫の好々爺《こうこうや》といったイメージを感じてしまうが、それは彼が傑出した剣豪であるにもかかわらず、きわめて陽性で純朴ということから、そうなってしまうのであろう。上泉信綱や柳生石舟斎、その子の宗矩、塚原卜伝、宮本武蔵もそうだが、すぐれて名を成した剣豪のほとんどが、禅の影響を受けないものはない。丸目蔵人佐からは、禅が匂ってこない。あべこべに、剣を心として煮詰めていったような剣豪たちには、丸目蔵人佐のような、明けっぴろげのお人善しという感じはない。

蔵人佐の墓は今もかつての隠居所の近く、切原野堂山に夫人の墓とともにある。

東郷藤兵衛重位

一色次郎

鹿児島と示現流

武道巷談。

薩風示現《じげん》流。

開祖、東郷《とうごう》藤兵衛《べえ》重位《しげたか》の巻。

講釈師、自己紹介。

私は、作家である。講釈師などではない。筆名は、いちおう一色次郎ということにしてある。いちおうとするわけは、これで芽が出なければ、いつでも取り替えてやろうというほどの腹づもりがあるからである。文学歴は浅く、著書はすくない。ベストセラーになったこともない。その程度の存在であるから、出版社でもさほど気にとめない。たまに来る郵便物をみても、宛名が一色二郎になっているのはまだよろしいほうで、太郎三郎もザラである。郵便配達夫がベルを二度鳴らして、これはお宅ではと言ってくれるのでなければ、おそらく半分は受取人不明で返送されるだろう。

この一色次郎の数すくない著書の中に、『孤雁一刀流』というのがある。

この作品は、例の、一刀流の開祖、伊藤弥五郎一刀斎を書いたものである。

伊藤弥五郎は、宮本武蔵とほぼ同期の人物であるが、両者顔を合わせたことはない。伊豆大島の出身で、私とおなじ島の人間である。私は、鹿児島県奄美諸島沖永良部島《おきのえらぶ》である。鹿児島ではこのあたりの島々の人間は、琉球人《ジキジン》といって軽蔑される。ほとんど、人間扱いされていなかった。弥五郎も流刑人の子である。私も、鹿児島通いの船乗りと島の女のいうなれば混血児で、これはズリッ子といって、島の中でまた軽蔑された。至れり尽せりのお膳立てであるが、これはみな招かざる運命で私の知ったことではないのであるが、この鹿児島の船乗りというのが、薩摩の有名な回船問屋海江田《かいえだ》平左衛門で、千石船の持主である。沖永良部島へ流罪になる西郷隆盛を運んだ天神丸がこの千石船である。この海江田家の血を引いているのでなかったら、私に文才はなかっただろう。取るに足りない程度ののであるにしろ。

私と剣豪物の触れ合いであるが、私は、時代小説を志していたわけではない。終戦前後の時期は、東京西銀座の電通ビルにある西日本新聞東京支社に勤めながら原稿を書き、ひそかに〝純文学〟を志したいわゆる文学青年である。〈三田文学〉昭和二十四年八月号に、「冬の旅」を書いてスタートした。この短編は、中村光夫が東京新聞の文芸時評に取り上げて好評であったが、もうその頃になると、私は新聞社をやめてペン一本でやっていたので、文字どおり〝赤貧〟洗うがごとき状況であった。

西日本新聞社は、その後電通ビルを引き払い、八重洲口にビルを建てて移転した。ある日その前を通りかかると、顔見知りの給仕が玄関口にいて、大屋さん、どうしていますか、よく、みんなで噂《うわさ》してますよ、寄っていきなさい、みんないますよ、と心安いことを言う。大屋は私の本名である。そうかい、と上がって行ったが、このとき、今は名前も思い出せない給仕君に出合わなかったら、私に、弥五郎一刀斎との触れ合いは生まれなかった。

私が、文化部長兼出版部長だった頃、営業の平《ひら》社員だった男が、今は東京支社長である。誰に稿料を払うもおなじことだろう、何かまわしてくれというと、すぐ、文化部長を呼んだ。この男も以前は政経部の平であった。仕事はすぐに決まり、福岡の本社と連絡を取ってくれた。発刊されてまもない、〈西日本スポーツ〉新聞に書くことになったが、北条誠のあとだから今度は時代物、それも剣豪物と言っていますが書けますか、と言う。私は、書くよりほかはないさ、とふてくされた。

こうして、私は、一冊の資料もないのに剣豪物に手をつけることになった。島で役人を打ち殺し、海へのがれた弥五郎は、一本の丸太にすがって漂流し、伊豆半島は、伊東の海岸に流れ着いた。やがて三島大社の神官大宮司矢田部盛和に拾われて学問武芸に精出すことになる。一刀斎についてこの程度のことは知っていた。私自身のなりゆきによく似ていたからである。島の青年団と闘鶏賭博《とばく》の暴力団八合組との闘争というのが私の村であった。大正五年五月、私が生まれた年のことである。青年団にゆきすぎがあって、八合組から一名の傷害致死者が出た。立場が逆になり、青年団が被告席に立たされることになる。やがて懲役三年四名、二年五名が鹿児島刑務所に送られた。現場にいなかった私の父は、結核のまま投獄され、やがて獄死する。このいきさつは先年朝日新聞社から刊行した、『父よ、あなたは無実だった』にくわしい。島を追われるように引き払い、私の一家は鹿児島市へ移住する。伊藤弥五郎にそっくりだ。私は、成人するとペン一本を頼りに上京し、文藝春秋の専務取締役元作家佐佐木茂索《もさく》の庇護《ひご》を受けながら、文学修業に精出すことになる。

自分によく似ているから、何かで読んで弥五郎の概略くらいは知っていたのだろうけれど、なにしろ読んだこともないチャンバラを始めたのだから大変である。連載がはじまっても敵役《かたきやく》がみつからない。しばらく経《た》って柳生石舟斎というのが目にとまり、此奴《こいつ》にしてやれと思い、やっとひといきついたという乱暴なことで、あとで本にするとき、石舟斎が出てくるまでの時間稼ぎのところは、ごっそり二十回分ばかりを落とした。こんなことは人に言えない。今はじめて告白することである。

昭和十二年、満二十歳で上京するまで鹿児島市で生活したのであるから、私が示現《じげん》流を知らないわけはない。知るも知らないもない。鹿児島にいるかぎり、示現流の中で生活しているようなもの、と言えないこともない。

小学生の頃、教師に引率されて、よく城山に登った。鹿児島は、海と山にはさまれたせまい町である。うしろにあるのが、西南戦争で有名な城山である。百メートルとすこしある。今は自動車がのぼるが、当時は丸太の階段があって楽しい山道であった。子供たちは喜んで、ガヤガヤ、教師について行く。また、ドンが聞かれる。

頂上の広場に大砲が据えつけてあった。西南戦争の遺品ということであったが、本当のことはわからない。毎日、市役所の小使いのおじさんが来て、新聞紙をまるめて詰め、火薬に火をつけて正午に爆発させる。午砲である。小使いのおじさんが導火線に火をつけるとみんな耳をおさえる。紙の弾丸が枯葉のように降ってくる。おもしろかった。そのあと弁当を食べて帰る。

この広場に、もひとつ、示現流の修行場が作ってあった。道場というほど大げさなものではない。股木を二本立て、その上に雑木を横に束《たば》ねておいてある。そばに丸太が一本立ててかけてある。これで叩けというわけである。教師がやってみろと言う。一人ずつ叩く。うまく出来ていた。束ねてあるから、痛くない。反動が弱い。それに雑木がはねて木刀を持ちあげるから素早く上がる。叩きやすい。しかし、子供である。十回も叩くと、交代してしまう。それに、あとがつかえている。

薩摩の打太刀修行については、書いたものがある。

朝に三千回、夕に八千回。

嘘《うそ》八百である。ただ、むちゃくちゃに叩けばよいというものではあるまい。呼吸があるだろう。一歩踏み出して叩き、戻るまでに五秒はかかるだろう。一分間に十二回。一時間に七百二十回。一万回も叩いたら一日かかってしまう。「白髪三千丈」式の表現である。

薩摩の武道とは何であるか、これからおいおい分るようにする。薩摩の年中行事も変わっている。「曽我《そが》の傘焼き」「妙円寺詣《まい》り」「赤穂義士伝読」会である。

私は、今、考える。鹿児島における私たちの生活とは何だったろう。示現流とまったく無縁であったようにも思える。反対に、とっぷり漬《つか》っていたようにも考えられる。どちらだろう。そして、大切な点であるが、薩摩の気風とは、示現流だけではない。さまざまな武芸で多角的に構成されたものである。むろん、示現流がもっとも有名である。知らない者はいない。それこそ、三歳になれば耳に入るだろう。しかし、私たちは開祖東郷藤兵衛重位《しげたか》を知らなかった。聞いたことがない。今も鹿児島には友人が多い。大学教授、会社社長、医師等々、おそらく尋ねてみても誰も知らないだろう。それは、これからのいきさつで証明されることである。東郷重位は架空の人物か。しかし、示現流があるからには、誰か始めた人間がいなければならない道理だ。

東郷藤兵衛の資料

私の本棚に剣豪物の資料を集めた棚がある。まず、『二十四人の剣客』を手に取る。読売新聞論説委員高木健夫の著書である。鱒《ます》書房。昭和三十年発行。四六判約三〇〇ページ。ベストセラーになった本で、剣豪物の入門書である。今でもたまに古本屋でみかける。五いる。あれば私が知らないはずがない。

次は、山田次朗吉の『日本剣道史』。この本は、ちょっと注釈を要する。山田次朗吉は、幕末の人物である。下総国《しもうさのくに》、千葉県の出身で祖先は有名な陰陽師《おんみょうじ》、祈禱師《きとうし》であったと言われる。相当な旧家であったが、武家ではなく名主だから村の村長さんというところ。幕末になると士農工商の世襲制が崩れて行く。山田次朗吉も村を飛び出し江戸へ出て、直心影流《じきしんかげ》、榊原《さかきばら》鍵吉の門に入った。上達目ざましく、武人になるはずのところ、明治維新で一切ご破算になり、あとは剣道ショーの芝居で流浪していたが、一橋大学が剣道部を創立したとき師範に招かれて安定した余生を送った。この間に書いたのが、『剣道叢書』『剣道集義』『続剣道集義』『剣道極意義解《ぎげ》』『日本剣道史』等の名著である。『剣道極意義解』は菊版一五〇ページばかりであるが、ほかは五〇〇ページを越える大冊で、これを揃えていない剣豪作家はおそらくいないだろう。覆刻《ふっこく》版もあるから、神田の古本屋に頼んでおけば手に入らないでもないが、私が探したときは揃いで五万円ばかりした。ほかに、大西英隆の『剣聖山田次朗吉先生の生涯』がついて計六冊一組になっている。この中でもありがたいのは、『日本剣道史』である。「第三章　室町時代に於ける剣道の発達」「第六章　戦国末期の諸流」「第八章　江戸時代の剣道」等目次の一部をみても内容が察しられようというものであるが、巻末に約二〇〇ページをさいて、「剣道年表」がつけてある。これにあらゆる事件が収録されている。チャンバラ小説の宝庫である。私も、どれだけお世話になったかわからない。ごていねいに索引までつけてある。示現流については、このように書いてある。

自源流　天正年間　流祖瀬戸口備前守　出所自源坊
示現流　同
茲眼流　同　以上三流は同流なるべし。

おなじものだろう、と書いてある。さらに本文をみていくと、九四ページに次のような簡単な解説がついている。

鞍馬流（大野将監）
源流（木曽庄九郎）
自源流（瀬戸口備前）
鞍馬流は大野将監《しょうげん》という者より、源流は里見の家臣木曽庄九郎より、自源流は島津家の臣瀬戸口備前守より起こるとあれども、何《いず》れも出処事跡は詳《つまび》らかでない。末流は諸州にあって徳川季世《きせい》（末期）まで其流を唱える者もあったらしいが、正確なる伝書がないので、単に名を止《とど》めるに過ぎない。但《ただ》し足利季世の古流なることは否《いな》まれぬのである。

しかしながら、東郷重位の名前がない。まるで手がかりがない。私は、ますます、落ちつかなくなる。

私の本棚に、とまたしても書きはじめると、いかにも本がたくさんあるようであるが、四畳半の書斎ひとつである。たくさんおけるわけがない。その私の本棚の中に、鹿児島関係の棚がある。こちらを当たるよりほかはない。『薩摩士風考』があった。菊判一五五ページ。明治四十四年、鹿児島市内の吉田書店発行。昭和五十二年、東京都練馬区大泉学園町一〇九ノ一〇、道之島通信社、覆刻版発行。二千円。

この本は、鹿児島高等小学校訓導《くんどう》東郷重資《しげすけ》編述となっている。もっと古い本に出典があるのだろうけれど、「君臣の関係」「家族の関係」「社会の関係」「敵愾心《てきがいしん》」「感情的」「風教」等、よく分析してある。この本の五七ページに次の記事があった。

明軍稍《ヤヤ》乱ルルヲ見テ、義弘公其ノ機ヲ失セズ、忠恒ヲ目シテ曰《イハ》ク、以《モツ》テ出ヅベシト。出戦ノ一令下ルヤ、将士城門ノ横関ヲ抜クニ遑《イトマ》アラズ、之《コ》レヲ破ツテ城外ニ突進シ明ノ陣ヲ突ク。明軍皆披靡《ヒビ》（なびき伏す）ス。戦闘ノ衝ニ当ルモノ一人ニシテ四五人ヲ斬ラザルモノナク、示現流剣術ノ達人東郷重位ノ高弟長谷場《ハセバ》主膳ノ如《ゴト》キハ、敵ヲ斬ルコト挙ゲテ数フベカラズ。明軍大《オホイ》ニ潰走《クワイソウ》シ、義弘公父子之レヲ追撃シ、斬首三万八千余級、明兵争ウテ走リ、伏屍《フクシ》二百余里（韓里）ニ及ブ。我ガ軍軍糧ナキヲ以テ窮追セズ、望津ニ至リテ還《カヘ》ル。後義弘公新寨《サイ》ノ大捷《タイセフ》（勝）ニ獲《エ》タル斬首三万余級ノ耳ヲ収メテ高野山ニ葬ル。世ノ所謂《イハユル》耳塚ナルモノ是レナリ。其ノ真意ノ所「敵味方打死《ウチジニ》シタルモノヲ仏ニ入

ラシムル為メ」トテ、其ノ陣亡者ノ冥福ヲ祈リタルモノナリ。(『薩摩士風考』抜抄)
ようやく、東郷藤兵衛重位の名前が出て来たが、これだけでは要領を得ない。架空の人物ではないらしいことだけはわかった。が、ただ、それだけである。私は、ますます途方に暮れる。が、まだ、方法はある。

鹿児島県立図書館『郷土資料分類目録』がある。三冊になっている。最初は、「昭和三十七年四月一日現在」、次は、「昭和四十四年十二月三十一日現在」、最後は、「昭和五十年三月三十一日現在」。合計約四〇〇ページ、週刊誌大、タイプ印刷の非売品である。しょっちゅう帰郷しているから、ちょっと寄って貰っておいた。薩摩関係の原稿の注文は、材料が手元になくても、これで万事間にあった。鹿児島は、郷土資料の蒐集《しゅうしゅう》の行き届いたところで、たいていの本はこの県立図書館に集められている。「歴史」「伝記」、どの項目にもない。示現流、東郷藤兵衛重位。何もない。

一服、と言いたいところだが、私は、タバコを吸わない。その分酒代にまわすことにしている。冷酒をチビチビやりながら思案する。

あるんだ。示現流はあるんだ。今も。明治になって、警視庁が武道を始めるときに採用した流派が、柳生流ではなく、弥五郎の一刀流であった。柳生一派は、一刀斎弥五郎と二天一流の宮本武蔵の足を引っぱり、徳川幕府歴代将軍の指南役の地位を獲得した。三百年間制覇したが、維新に破れた。見た目のハデな柳生流より、やはり、一刀流は実戦的だった。力のあるものは残る。示現流は鹿児島に残っている。私にも、ようやく納得が出来た。

暗くなった。私は、夜遅くなるのを辛抱強く待っていた。やおら、電話の所へ行く。0992をまわす。鹿児島市である。夜がふけるのを待っていたわけは、深夜料金を狙ったものではなく、みんな昼間はいそがしいからである。

誰も知らなかった。それは、いつごろのどういう人かと言う。どういうふうに調べたらよかろう、と私の指示を期待する口ぶりだ。いつも仕事を頼んでいるからである。用件はそれぞれ三分間で終わった。こんどは県立図書館である。

午前九時、私はまたしても0992をまわした。交換手が出た。

「東京からです。資料課長の大瀬の忠治さんを」

大瀬の半五郎、国定忠治とおぼえているから、つい、大瀬の忠治になってしまう。いなかった。休暇である。

三日待ってようやく、二大俠客《きようかく》の名を冠した大瀬忠治と連絡がとれた。むろん、午前九時である。

知らなかった。ほかの友人とおなじである。私は、ほっておけない。追求する。大瀬忠治の手元になければ、原稿をことわるか、私が鹿児島へ出向いて、探すよりほかはない。調査費が大変だ。

「何かありませんか。示現流の本は、何もありませんか」

「ちょっと、待って下さい」

何かみている。しばらくして、返事があった。

「ありますな」

「どういう本ですか」

「どういうって。肉筆本です」

いやな感じである。

「読めますか」

「かろうじて、ですな」

やっぱりだ。

「活字本はありませんか」

「ありません」

「仕方がない。それを全部コピーに取って下さい。だけど、郷土資料目録にのっておりませんね。あなた、何をみているのですか」

「あ、これはその後の目録です」

またしても、思いがけない言葉が返ってくる。

「昭和五十三年三月三十一日のものです。このときは、郡部の図書館そのほかとも連絡をとって、資料の発掘に努めました。示現流も、そこから出て来たのでしょう」

「その目録を一冊送って下さい」

「もう、ありません。図書館にも、一冊だけです」

困った。今後のこともある。電話口で、頭をクルクル回転させる。とにかく、こういうことは、あきらめてはいけない。

「その一冊の中から、歴史部門だけコピーして下さい」

「かなりありますよ」

「かまいません」

これで、やっと電話が切れた。地方図書館は、歴史資料の宝庫である。

鹿児島図書館のコピーは来なかった。あたりまえだ。一週間で来るわけがない。私は、速達にしてくれと念を押さなかったことを悔《くや》んだ。また、かける。大瀬忠治は弁解する。

「八月は、行事が多いものですから」

また、かける。

「昨日、送りました」

本当だろうか、と不安だったが、着いた。

私は、溜息《ためいき》をついた。貰ってみても仕方がなかった。ぜんぜん、読めなかった。

『東郷家由緒書』


いろいろ、あった。

いちおう、頭にあったから、見出しは読める。

『東郷家由緒書』

次の行に、

「覚」

東郷家由緒書、覚、だ。B4版のコピーで十一枚。最後の一枚は、四行しか書いてないから正味十枚だ。十枚。一枚、二十行。ざっとみても、一枚に四百字以上書いてある。

ところどころに、読める字がないこともなかった。

人、神、常陸国《ひたちのくに》、剣、等々。

それこそ、かろうじて読める。

最後に署名がある。

十月二日、東郷藤兵衛。

本人が、書いたもののようだ。おしまいに、図書館のまるいハンコ。

五〇、二、一五、製。

やはり、最近発見されたものだ。

読めるはずがない。草書体の文字など、習っていない。ロシア語、フランス語、あるいはインドの文字とおなじだ。無縁の世界だ。あきらめた。

次。

『東郷家由緒書』

おなじものだ。が、このほうは、書体が違う。楷書に近くなっている。が、先へ進むにつれて、クシャクシャしてくる。藤兵衛から、はるかに年代のさがった時代の人が、藤兵衛の書いたものを写している。枚数も、藤兵衛の十枚に対して、正味十五枚もある。もひとつ。こちらには、おまけがついている。

「重位立合覚」

両方、つづけて、

『東郷家由緒覚書並重位立合覚』

これは、大変だ。重位の仕合控、決闘記録だ。これが、三十五枚もある。そして、やはり読めない。これもあきらめた。私は、横着だから、人に頼むことを考えた。相手も、いる。

最近、私の身辺に、おもしろいことがあった。

私は、東京都内の西のはずれの八王子市に住んでいる。もう、十年近い。その八王子駅テレビに、最近駅ビルが出来た。中に、デパートがはいる。もうひとつ、「よみうり日本テレビ文化センター八王子」というのが出来た。ジャズダンスやらワープロやら教える最近はやりのアレだ。すると、その中の文芸教室が私にまわって来た。おどろいた。いくらでもほかに講師はありそうなものである。講演はたまにないこともないが、これは連続講座である。何も知らない。ボロを出すに決まっている。尻ごみしたが、さんざんに口説《くど》かれてしぶしぶ引き受けたが、よかったと今気がついた。あそこを使うにかぎる。書道教師が五人もいる。なんとかなる。じかに行くと五万円だろう。うまい考えがある。

「文化センター八王子」の支配人は石田三郎である。元は読売新聞文化部にいたそうだ。私は、ここへ来てはじめて逢った。この石田三郎に頼んだ。石田は、なんだこんなものも読めなくて歴史物を書いているのかと言わんばかりに鼻先で私をみていたが、なぐさめるように、私も読めませんと言った。私は、二万円預けて帰った。石田三郎は、「東洋書道芸術学会」会長松本筑峯《ちくほう》に頼んでくれた。しばらくして、引き受けたと、石田から電話があった。相手の迷惑そうな顔が目にみえるようであった。

夏の盛りもすぎた九月の初めになって、ようやく、松本筑峯の作業が終わった。訳文とも違うから、古文書《こもんじょ》解読文ということになる。

厖大《ぼうだい》な枚数になった。四百字詰原稿用紙五十八枚である。これで二万円では悪いことをしたと思ったが、私は流行作家ではないので、なんとも致しかたのない次第であった。

おなじものが二つ。

『東郷家由緒覚書』それから、『立合覚』。

早速、読みはじめる。

ちっとも、頭にはいらなかった。私の頭は、もともと、出来がよくない。しかし、藤兵衛重位の文章も、ちょっとおかしいのである。

松本筑峯の作業中に、私は、東郷重位についての軽い資料をみつけた。『薩藩の教育と財政並軍備』林吉彦著。昭和五十七年、第一書房刊。これも覆刻版である。定価八千円。菊版、五三六ページ。この本も、発行されたころ、新聞広告をみて買った。が、すぐ読む気もないから、ほっておいた。それをこんど思い出して引き出してみると、第三章武術の中の剣術の項目に、わずか三ページではあるが、東郷藤兵衛重位のことが書いてあった。「薩摩における剣術の流派は次の通りである」として、直心影流、天真流、太刀流、飛太刀流、常陸流、水野流居合、山之内流居合、と並べて、最後に示現流と野太刀示現流が記録されている。

示現流については、次のように解説してある。


示現流と野太刀示現流とは、もっとも優れた薩藩独特の剣法である。乱軍の中で縦横無尽に、敵を捕捉、撃滅するに好適の剣法で、まったく実戦の経験から得たものである。島津氏の戦法たる穿抜《せんばつ》法のためにはこの上ない剣法である。

だから、平素における練習も両々相対してお面、お小手の打撃、防禦の術策を弄《ろう》することがない。唯一刀、敵を両断するか、自身倒れるか、一撃一決、ただ攻があって防がない意気の剣法である。

示現流はもとは、自顕流と称した。その始祖は常陸国の人、十瀬《とせ》与三左衛門長宗である。長宗は、はじめ飯篠若狭守《いいざさわかさのかみ》に従って心影流を学んだが、常陸国梶取明神に参籠して祈願をし、神霊より自顕流の奥義を授けられたと言われている。

この長宗の門人に金子新九郎という人がいて自顕流の秘伝を受けた。さらにその門人の赤坂弥九郎雅楽之助《うたのすけ》が其の極意を授けられたが、十九歳のときに僧となり善吉和尚と号し、京都の曹洞宗万松山天寧寺《てんねいじ》に居った。

たまたま、豊臣秀吉が諸国の大名に命じて聚落第《じゅらくだい》を造営したときに島津義久も京都へ行った。このとき同行した家臣の中に東郷藤兵衛重位がいた。この重位が、京都に滞在中「天寧寺に趣《おもむ》きたるに」、と書いてある。単なる参拝ではなかったようだ。これから、ひとつの挿話《そうわ》が生まれる。

住持の曇吉和尚が、重位《しげたか》の立居振舞いが普通の人たちとは大変違うのをみてとり、このように質問した。

「汝は武術の心得があると見えるが何流であるか」

東郷藤兵衛重位は体捨《たいしゃ》流であると答えた。すると、曇吉和尚がさらに言うには、

「当寺に善吉という僧がいる。自顕流の奥義をきわめている、之《これ》について学んだらよかろう」

重位大変喜んで善吉和尚に師事し、自顕流の秘訣を授かった。

重位は六か月の間滞在して、帰国の後さらに研究練磨、ついに奥義をきわめた。

第十八代島津家久は体捨流の剣法を学んでいたので、その師東新之丞と東郷藤兵衛重位を試合させたところ、新之丞の木剣は重位のために打ち折られたから、家久大いに憤《いきどお》り、自ら刀を執《と》って重位に向かって来た。重位もまたこれに対した。家久は重位の剣勢に感じ、ついにその門に入った。

自顕流が示現流に変わった話も書いてある。

釈文之《しゃくぶん》は学徳一世に名高かった僧であるが、かつて書を送って、法華経に示現神通力の話がある。自顕は、示現ではないかと。家久之を聞き、示現流と改称し、師範家を

命じた。第二十七代斉興《なりおき》時代、特に御流儀示現流と称せしめたのは、野太刀示現流との区別をするためであったろう。

示現流の奥旨《おうし》にこのように書いてある。

当流は心の芸なり。故《ゆえ》に当流を学ぶの士はまず敬義を守って私心を制し、果断を貴ぶをもって質とす。当流の精神は、打と意地である。

野太刀示現流については、次のように説明している。

一名薬丸流、または自顕流という。師範薬丸家、島津家臣薬丸壱岐守《いきのかみ》、野太刀の業《わざ》に練達してしばしば戦功を立てた。その孫兼陳《かねのぶ》は如水と号し、野太刀の妙を伝えた。さらに、東郷藤兵衛重位に従って示現流を学び、その奥義をきわめた。特に小太刀の業に妙であった。

兼陳は、祖父伝来の野太刀の術と、示現流とを並用研究して、ついに野太刀示現流を創始したのである。第十九代光久の嗣子《しし》綱久が野太刀示現流を学んだので、門人が多数集まった。

兼陳六世の孫兼武は、文武に秀《ひい》でた大変名高い俊傑であったが、示現流の異端者と悪いように言われ、屋久島居住を命ぜられた。つまり流刑になって、野太刀示現流を伝授することを禁ぜられたが、その子半左衛門もまたこの術に精進して有名であった。

文久元年、第二十九代の藩主島津忠義は、野太刀示現流を師範家にして、その技を奨励したので、門人復活して大変に栄えた。明治維新前後の薩藩の功臣は、ほとんど全部、野太刀示現流の門人であった。

おおよそ、右のようなことが書いてある。

だいたいのことはわかった。けれども、これだけでは、チャンバラ小説は書けない。三ページにおよぶ解説も、もとはこの古文書から取ってあるにきまっている。

私は、やはり、古文書の解読文に帰らなければならなかった。

誤字、脱字、当て字が多くて、まるでお話にならない。昔の人は、有能だから達筆かと思えば、それほどのこともなさそうである。

美しき朝は、美敷朝《うつくしきあさ》、である。おまけに、上に昨夜、とついている。昨夜は美敷朝、である。これで意味のわかる人があるだろうか。それとも、ここらあたりに、示現流の何かが隠されているのだろうか。察するに、これは、昨夜の夜明けは、美しき朝であった、ということになるのだろうか。よく、は、能である。兵法好きは、数奇《すき》である。隙が無い、は、透が無いと書いてある。壱人で一人と読ませる。本字だからこれは当然。貴様もちょいちょい出てくる。昔は敬称であったようだ。誤字もひんぱんだ。和紙の虫食い穴もある。とにかく、あれこれ、なやまされながら、意味をたどって行った。

血煙、封印切り

いちばんむつかしい草書体のコピーは、間違いだらけではあるが、東郷藤兵衛重位が自分で書いたものである。

次の、『立合覚』といっしょになっている『東郷家由緒覚書』は、ちょっと事情が違う。のちになって、誰かが『由緒覚書』を書き写し、それに、『立合覚』を書き添えて鹿児島の藩の役所に提出したものであるようだ。だから、藤兵衛である。その藤兵衛に対して、執筆者がこのように質問している。

「善吉和尚に、示現流を習ったことのおこりを話して下さい」

重位は、答えている。

「若い頃、金細工と蒔絵《まきえ》の稽古に、京都へ行きました。そのときの宿屋が、天寧寺の隣です。この寺が善吉和尚の住居です。それで、私も、滞在中よくお参りしました。そのうちに、先方の小僧さんと親しくなりました。小僧さんが、私の宿屋へ遊びに来るようになりました」

東郷藤兵衛の宿が、お寺と隣同士だった。『薩藩の教育と財政並軍備』から引用したものとは、ちょっと違うところもあるが、本筋においては合致している。善吉和尚が、一方では曇吉和尚になっている。これからのいきさつを、『立合覚』は、次のように説明する。

ある日、宿へ遊びに来た小僧が、藤兵衛に、何流の剣術を学んでいるのか、とたずねる。藤兵衛は、体捨流と答える。すると、何をかくそう、私どものお寺の和尚さんが、自顕流の達人である。だいぶ変わった剣法のようであるから、教えていただいたらどうですか、よく、立木打ちをしております、と言う。

京都土産《みやげ》に、ありがたい話である。藤兵衛は、紹介してもらった。和尚は、承知した。藤兵衛は通う。ところが、ほっておくばかりで何も教えない。藤兵衛はじれた。そのうちに、こんどは夜来いという。また、世間話である。やがて、月が出て障子《しょうじ》が明るくなった。藤兵衛はあきらめた。もう、帰ろう、と思った。すると、相手は、その気配をみてとったのか、涼しい顔で一句詠んだ。

にごり江にうつらん月の光かな

藤兵衛は、腹を立てた。

「白字人！」

言い捨てて帰ろうとする。松本筑峯が、まるで訳がわからん、と腹を立てたように、意味不明の言葉がしょっちゅう出て来る。気持ちの寄持ちはまだよいとして、白人、白字人もちょいちょいだ。ここで、和尚が、にっこり笑って、手を上げる。

「お悟りなされたか」

藤兵衛も、ハッ、と気がついた。

その晩から、本格的な稽古にはいった、ということになっている。

誤字、脱字、当て字等を我慢しながら読んで行くと、『立合覚』はなかなかおもしろい。ところが、年代順に書いていない。順序不同であるから、いきなり死ぬときの話が出てくる。

「東郷肥前入道重位、八十余歳になり候節《そうろうせつ》、光久公へ申上候に、私余命いくばくもない有様になりましたので、これまでのお暇乞《いとまごい》に、兵法の備を奉り、上覧願いたくお願い申上げ候」

私、と書いてある。昔の言葉も今とあまり変わりがなかったのだ。ところで、光久公、誰だろう。薩摩の殿様に決まっている。どんな人物だろう。

最近は、各地方の郷土出版物が、全盛をきわめていると言ってもよい。それを専門に扱う書店もある。東京神田すずらん通りの「アクセス」に頼めば、たいていのものは取りよせてくれる。歴史作家も仕事がやりやすくなった。

これから解説する、『島津歴代略記』は、「アクセス」を通すほどの大げさなものではない。鹿児島市磯の尚古集成館《しようこしゆうせいかん》の売店で、百円か二百円で買った小冊子であるが、これを入手するまでは藩侯の名前をみても、何代目のどういうことをした人やら、わかりかねて苦労したものである。城山町の「歴史資料センター」黎明館《れいめい》では、『郷土史年表』等も売っている。

あった。島津光久。十九代藩主。ずいぶん、名君であったようだ。家久の二男。母は、島津備前守忠清の娘。元和二年（一六一六）鹿児島に出生、徳川家光が名付け親という。たいしたものである。（私の名付け親は誰だろう。）学問を好んだ。模範生だ。藩の財政窮乏し負債銀二万貫におよび租税賦課を重ねる。農政整備、新田開墾、金山開発を進める。家老島津久通。磯別館を設ける。この頃六月灯始まる。これは鹿児島の人間でないとわからない。一か月つづく夏祭のこと。元禄七年（一六九四）鹿児島に歿す。七十九歳。鶴嶺神社に祀《まつ》ってある。知らなかった。この光久が、剣豪東郷藤兵衛を保護した。

光久は、藤兵衛一生最後になるであろう願いを聞き入れて、「家老島津安芸久雄」の屋敷で、兵法を見せて貰う、と手配をした。家老の島津久通が、島津久雄になっている。おそらく同一人物と思われるが、家老は一人ではないから別人かも知れない。

藤兵衛は、「弟子達を召連れて」出向き、「兵法を御覧に入候」。見せるとは言うが、兵法の奥義を公開するのであるから、秘伝を授けることである。光久にわかったかどうか。いいや、感激したことであろう。

次。

示現流秘伝「丸太橋」の兵法。

坊津《ぼうのつ》という町がある。他藩との貿易港である。藤兵衛重位は、そこの地頭《じとう》職であった。これは、鎌倉時代から始まった仕事らしい。地頭請《うけ》といって、一定地域の、年貢進納の請負い業である。進納というと聞こえがよいが、年貢取立て業である。いまの税務署か。ただし、月給はないから、年貢米を一定歩合で頂戴する。重宝な職である。

藤兵衛が、その地頭職についた頃のことである。土地の住人に、速水《はやみ》吉左衛門という人物があった。この男のことは、かなりくわしく書いてある。

速水は、たいそうな兵法好きであった。好きと軽くあしらわれている。吉左衛門は、藤兵衛に頼み込んで、御用聞きになっている。どういう仕事だろう。役所の品物の調達、年貢米の取立て等のことが考えられる。吉左衛門は、最初藤兵衛の道場で、指導を受けている。下手《へた》の生兵法《なまびょうほう》だから、一気に上達をあせる。御用聞きだから、藤兵衛とふだん口がきける。

「先生。示現流の奥義をお示し下され」

秘伝を授けてくれ。虫のよい話である。むろん、藤兵衛が首をすぐタテに振るわけがない。吉左衛門は、じれる。こういう場合の人間は、おどおどした目でしょっちゅう、相手をみる。藤兵衛には、その愚直さがわかっている。見捨てるつもりはない。ただ、それなりのわからせかたがあるから、その機会を待っているだけである。

やがて、東郷藤兵衛〝出張〟することになった。行先は、一乗院。吉左衛門を連れて行った。吉左衛門は、こんどこそと思っている。

「先生。お願いします」

藤兵衛の顎《あご》が、やっと、軽くうなずいた。時期到来。吉左衛門は、よろこんだ。

一乗院の段。

何日滞在したか知らないが、引き上げる前夜のことにしたほうが〝劇的〟になる。このようなことは、演出が大切である。藤兵衛、自分が、京の天寧寺で示現流を授かるとき、善吉和尚から一杯くわされているから心得ている。

「教えて下さい」

「よしよし」

藤兵衛の寝所である。また、飲み出す。吉左衛門は、酌をする。飲む。また、つぐ。むろん、吉左衛門自身は口をつけない、我慢しながら待っている。藤兵衛は、いい顔色になった。やがて、姿勢がくずれる。何をするのかとみていると、横になって眠ってしまった。吉左衛門は、むかむかしたことだろう。が、ここが辛抱のしどころである。じっと我慢していた。時が経つ。何時間寝ていたか、記録に書いてないが、どうせうたた寝だから長くはなかったであろう。藤兵衛が、目を醒《さ》ました。吉左衛門は、元のままである。

「まだ、そこにいたのか」

「はい」

「ある者が」

藤兵衛は、語り出した。

「武者修行に出で立ち、幾年か各地を歩いて、さて、帰る段になった。やがて、古里近くになったところに深い谷があって、一本の丸太が渡してある。ハテナ、どうしたものか、とみているうちに、向こうのほうから刀を持った男が、二、三人、こちらへ駆けて来る。先頭の男は追われているようで、崖《がけ》っぷちに追いつめられ、おろおろしている。武者修行の男は、おどろいた。よくみると、追われているのは己《おのれ》の父親ではないか。あっ、と思ったとたん、飛び越えられるはずもない谷を渡って、自分は向こう岸に立っている。親父、息子、万歳、ということで、二人力を合わせて相手を切り伏せ、めでたしに相成った」

吉左衛門は、ハッ、と膝を打った。わかってもわからなくても、ここでは、膝を叩いてもらわないことには、締りがつかないのである。昔は、〝孝子〟がいたから、話がなりたつ。今の青年はどうだろう。渡るか。キット、言うだろう。

「ヤーメタ」

藤兵衛のこのときの話は、宮本武蔵が、晩年をすごした熊本で、門弟たちに語って聞かせた話とおなじである。武道の心得をたずねられたとき、武蔵もおなじことを答えた。

「花岡山からこの城の天守に一本の樋《とい》を渡したとする。その上を渡る。秘伝は、おのずと会得されます」

花岡山は、熊本市内の岡である。武蔵が籠った穴がある。自分でも出来ないことを言うのであるが、つまり、剣豪物の秘密なんてみんな譬《たと》え話である。

藤兵衛の訓話は、ふだん、遊動円木で練習しておけば出来そうなことであるが、こんどの話は、もっと切実である。

次。

秘伝〝封印〟切りの段。

近松作るところの、小判の封印切りではない。長脇差《どす》の鞘《さや》と鍔《つば》を紙縒《こより》で結び、二度と刀は抜かねえ、と誓った、国定忠治氏だか清水次郎長氏が、あまりの無道をみかねて、気がついたら、刀を抜いて相手を殺害していたという、大衆作家長谷川伸《しん》だか、子母沢寛《しもざわかん》だかの物語に似たような、東郷藤兵衛重位の秘伝伝授の物語。

田舎の場。

田舎とだけ書いてある。鹿児島も田舎だが、もひとつ田舎のことらしい。どこへ行っても、刀を持った人間がいる。あるとき、その「田舎」へ藤兵衛が出張した。すると、男が一人、たずねて来た。相変わらず、虫のよいことを言う。

男「かねがね、御高名は存じあげておりました。一度お目にかかりたいと願っておりましたが、このたびはこのような田舎へはるばるお越し下され、お目にかかることが出来ました。まことに光栄に存じます」

藤「いや。私も、はじめての土地をたずねることが出来て満足に思っている。ところで、私に用というのは何か」

男「はい。つきましては、一つお願いがございます。私は、兵法につきましては何も知りません。まことに未熟者でございますので、この先どのような災いが身に降りかからぬものでもないと心配でございます。つきましては、厚かましいことでございますが、何とぞ示現流『不敗』の術をお授け下さい」

藤兵衛は、男の顔をまじまじとみつめた。

資料に、「右の人分けて正直なる者にて」と書いてある。藤兵衛に、同情させるものがあったのだろう。冗談も言えないので、先を約束した。

藤「折をみて、私の家へ来て下さい」

ワンテンポおいたほうが、効《き》き目があると思ったのだろう。

藤兵衛は、鹿児島へ帰った。

何日か過ぎた。

藤兵衛宅の場。

たずねて来た。

男「なにとぞ、本日こそお教え下さい」
藤「不敗の術が習いたいか」
男「なにとぞ、その不敗のところをお教え下さい」
藤「教えるぞ。秘伝は、ただ一つ、刀は抜かぬもの。これが、示現流の極意だ」
男「えっ。それでは、相手が抜きかかり、首を切られても、こちらは、刀を抜くものではないとのお言葉でございますか」
藤「うむ。自分の首は切られても、刀は抜かぬもの」
男は、首をふり、何かぶつぶつ言いながら座を立ったが、正直者だから不満顔ではなかった。示現流開祖、東郷藤兵衛重位の言葉である。何か意味があるに違いないと信じている。

再度、田舎の場。

島津藩の百二外城とよく言われる。藩内を百二のブロックに分け、それぞれ、責任者をおいて治めさせる。藩内にまた小さな領主がいることになる。内容は、農兵制度で、ふだんは百姓、しかし、治《ち》にいて乱を忘れず、いざというときのために武道にはげんでおけということである。他藩でいう郷士である。地士、山士、郷侍、山侍等いろいろな言い方がある。

前記の男は、その郷士であったらしい。ある日、牢人者《ろうにんもの》の群れに襲われた。そのさいに、領主から討伐を命令されたのが、この男であった。男は、困った。が、拒絶出来るものではない。しぶしぶ、現場に出向いて行った。

敵は、複数であった。むろん、殺気立っている。袴《はかま》の股立《ももだち》を取り、襷《たすき》に鉢巻姿の男をみると討手《うって》とわかるから、刀を振りかぶって殺到して来た。男は、刀の鯉口《こいぐち》をおさえていたが、抜くつもりはない。藤兵衛の言葉をまもりたい。示現流の奥義をきわめたい。二歩、三歩進んだが、相手の凄《すさ》まじい権幕に足がとまってしまった。そこへ、先程の牢人者の顔が雲のようにかぶさって来た。射程距離にとらえた。男の顔に何か冷たいものが当たった。

気が静まり、足もとをみると、牢人者の首がおちている。自分は、血刀を下げていた。

血煙、封印切り。お粗末でした。

逆毛立つ形相

次。

門弟篠原伝内は、いっこうにうだつの上がらない男であった。藤兵衛の道場に、五、六年通ったがサッパリである。この上は師の秘伝を盗むよりほかはない。一丁やってやりましょうと思い、藤兵衛屋敷に犬がいないのをよいことにして、夜中にゴソゴソ床下に這入り込んだ。こちら達人藤兵衛、その気配を知らないわけがない。歌を詠んで聞かせた。

　よう人も調べばかりにものいはず　桐の葉落つる秋の夕暮れ
三度くりかえすと、伝内は、また、ゴソゴソ出て行った。

一夜にして、示現流の奥義を悟った、ということになっている。

似たような話は、このようにいくらもある。あれこれ、並べても、仕方のないことである。寒夜に音声で茶碗を割るの術、荒れ馬はよけて通るが術というもの。どこかで聞いたような話がいろいろあるが、キリがない。

藤兵衛自身が、どのような人物であったかを語る話を拾ってみる。

かなり高齢になってからのことで、江戸詰の場ということになる。

藤兵衛が、立合いに出かけると聞いて門弟たちが心配した。

「まさか本当ではないのでしょうが、万一盃などにつまずいてお怪我《けが》をなさってはおおごとでございます。思いとどまって下さい」

盃に当たって倒れる人間はいない。これは、大盃、あるいは、足つきの盃、高杯《たかつき》のことであろう。藤兵衛、カンラカンラと打ち笑い、

「おのおの方、心配めさるな」

ということで出かけて行った。行先は、碁会所めいた鎌田出雲屋敷、主人が碁が好きで毎晩大勢あつまる。ここでは示現流は好かれていない。からかってやれ、と藤兵衛は呼び出されたのである。

示現流は、槍が留められるかどうかがテストされることになった。相手の名前はわからない。真槍と木刀である。木刀のことを棒と書いてある。しばらく睨《にら》み合っていたが、相手は、恐れ入りました、と槍をおいてひざまずいた。藤兵衛は、引きあげる。碁会所の連中が、あとでその男にわけをたずねると、首を振って答えた。

「踏み込めば、こちらの頭が微塵《みじん》に打ち割られた」

そのときの藤兵衛の顔はどのような形相であったか。資料に、このように書いてある。

「髪の毛もさかさまに立様であった」

これは、立つようであったと読むのであろう。

も一つ。

鹿児島鶴丸城下道場の場。

門弟たちに新しい突きの構えをみせることになった。

誰一人、打ち込めない。

「藤兵衛殿、様子すさまじ」

も一つ。

同道場。

藤兵衛、上洛間近し。

置土産に、立合いをみせることになった。

藤兵衛、棒を取って庭へおりる。

「おのおの方、槍にても何にても構わん。一度に打ちかかれ」

様子すさまじ。

誰一人、打ち込めない。

これは、どういうことであろう。察するに、多分、藤兵衛が美男子ではなかったということだ。容貌魁偉《かいい》。雷神の如《ごと》し。つまり、宮本武蔵の肖像が残っている。目をむき出し、実際に髪の毛を逆立てて描いてある。悪魔の形相で最初から相手を圧倒するのである。戦わずして敵をのむという奴だ。ニコニコしていたのではやられてしまう。

藤兵衛自身が、どこかの〝剣豪〟と真剣で戦った記録はない。不意に襲撃されたこともない。すべて、道場、あるいはそれに近い場所の話ばかりである。が、一つだけめずらしい事件がある。

「ある年、中納言御参勤の御供を仕《つかまつ》った折りのこと」

中納言は、十八代藩主家久《いえひさ》のこと。朝鮮遠征に従軍、また、関ヶ原の戦後処理をうまくまとめた。鶴丸城を築いたり、琉球《りゆうきゆう》に遠征したりしている。「学芸を好み、和歌を良くした」とパンフレットに書いてある。この家久の代から参勤交代がはじまった。そのときの話である。船で大坂へ行き、あとは小舟に乗り代えて淀川をのぼった。家久の舟は小人数である。藤兵衛のほか、船頭を入れても四人。船足が軽いから当然先行する。家臣の舟とかなりはなれた。やがて、船着場近くまで行くと、肥後熊本の藩主加藤清正が来ている。川下りの途中か何かだったろう。旗印でお互いがわかるから、にわかに殺気立った。

薩摩の、「大口兵児《へこ》の歌」にこのようなのがある。大口城主新納《にいろ》武蔵守忠元《ただもと》の作である。

　肥後の加藤が来るならば硝煙肴《さかな》に団子会釈
　　それでも聞かずに来るならば首に刀の引出物

十番中の一番で、はじめに一つとつく。この団子会釈の団子は弾丸のことである。私は、若い頃熊本市に一年ほど住んだことがあるが、向こうにはこのようなのはない。相手がまだ何もしていないのに、薩摩はなぜこれほどまでに憎悪するか。加藤清正は、薩摩の押えとして秀吉が配備したことを知っているからである。

家久の舟は、たちまち、加藤勢の小舟に包囲された。古文書の舌足らずな文章ながら、これからのことは、なかなか、詳細に書いてある。簡潔でかえって迫力がある。

加藤勢は、小舟二艘に縄を渡して、通せんぼをした。家久の舟が引っかかる。加藤勢は、家久をからめ取るつもりである。まさか、ここで殺すことは出来ない。その理由もない。

その縄を、船頭が切った。これで、ハッキリ、喧嘩《けんか》になった。

三艘の舟は、接触し、そこへほかの舟も固まって来た。こちらの縄を取り、引いて行く。とうとう、岸に着いてしまった。

家久も、薙刀《なぎなた》の鞘《さや》をとり、いちおう、応戦の構えをみせた。藤兵衛は、水に飛び入り、先に上がろうとする。家久は、薙刀の石突きで袴を押さえて、はやる藤兵衛を引き止めた。落ちついている。一人斬ってしまったら、おしまいである。別の家来は、弓を構える。その間に、小者が水に飛び入り、抜き手を切って後続の家臣に、知らせに行った。家臣たちは、舟を岸につけ、駆けて来る。正に、一触即発である。藤兵衛は、岸へ上がり、刀は抜かなかったが、おそらく、仁王立ちである。家久の舟に乗っていた、も一人の家来というのは、玉川伊予守、家老級の人物であろう。この玉川伊予守が、弓をおいて、陸へ上がり、加藤清正に挨拶し、その場は、血をみないですんだ。さて、その夜のことである。伏見の宿で当然この話になった。

家久は、言う。

「かかってきたら、頭立《かしらだ》った者を討《う》つつもりであったが、藤兵衛は、どのような所存であったか」

藤兵衛は、答える。

「はい。私は、そのようには考えませんでした。近い者から、一人ものこさず、斬るつもりでおりました」

例の形相で、加藤勢を寄せつけなかったのである。

藤兵衛の仕事としては、そのほかに上意討ちが何件かあったらしい。これが、問題である。

示現流兵法書

一刀流からはじまって、示現流に至った。

何か、わかっただろうか。

おそらく、何もわからなかっただろう。なぜなら、書いている私にも、さっぱりわからない。武道、剣道という。つまりは、刀の殺し合いである。それ以外の何ものでもない。一生の間にその機会があるはずもない人間が、竹刀《しない》を振りまわして何かしてみても、何一つわかるはずがない。殺したつもり、殺されたつもりである。まして、ちょっと剣豪小説を読んだだけで、その極意なるものに理解がおよぶわけがない、と読者は思うだろう。ところが、それが心得違い、大変な間違いである。殺し合いをする前に、やはり、心得ておかなければならない。畳の水練でもよいからやっておかないことには、いざというときにあわてるばかりである。ということで、実は何を隠そう、ここに秘中の秘、真実の秘伝書があるのである。

『示現流兵法書』、上、中、下、全三巻。

私は、これだけは、誰にも、あの松本筑峯にさえみせなかった。なぜなら、自分で解読することが出来たからである。完全なる楷書と片カナで書いてあった。これなら、中学生でも読める。

コピー六十九枚の大〝長編〟であった。宝暦十年（一七六〇）二月十一日に、東郷藤五左衛門なる人物が書き終えている。藤兵衛の子孫であろう。藤兵衛の時代から百年ばかり下っている。

内容は、歌の形を借りて、武道のというより示現流の心得を説いたもので、箇条書にしても同じことであるが、このほうがやはりおぼえやすいからであろう。ざっと拾っても、めぼしい項目が六十ばかりある。全部を並べることはトテモ出来ないから、近頃行なわれている無差別抽出ということで、二、三、引用。

汀江放船。月船ハ君、身船ハ我。月船ハ君ト云《イフ》ハ月ヲ船ニタトヘ月船ト云《イヘ》リ。タトヘハ月ハ東ヨリ出《イデ》テ西ノ空ニ入ル。ソノ間ノ遠キコト言イ尽ケレド只六刻ナリ。ソノ道ノ遠キコト何万里トモ計リ知レズナリ。日月ノ行ク道ヲ見ルニナカナカ早ケレドモ、何《イツ》レニテ見ルモ一ケ所ニ有ルカコトク見ユル。早キヨウニハ見得サルナリ。然モ六刻ノ間ニ遠キ道ヲ行キ尽ス。

まだ、後があるが省略。月も日も広大無辺の宇宙を六刻、十二時間で渡るではないか。しかも、少しも姿勢の崩れをみせない。不動の剣というところか。宇宙の真理を見きわめている。感嘆のほかない。

次は、剣が相手の肉体に当たるのは、少しでも早いほうがよいということを、時間を分《ぶん》折《せつ》して教えてくれる。一刻、二時間、百二十分を八十四に分折している。

刻ヲ八十四ニワリテ其ノ一ツヲ分トス、コノ分ヲタトユレハ脈一息ニアタル
分ヲ八ツニワツテ其一ツヲ秒トス
秒ヲ十《ト》ヲニワツテ其一ツヲ糸トス
糸ヲ十ヲニワリテ一ツヲ忽《コツ》トス
忽ヲ十ヲニワリテ其一ツヲ毫《コウ》トス
毫ヲ十ヲニワリテ其一ツヲ厘トス
厘キハマリテ雲耀《ウンヨウ》ナリ

つまり、雲耀の剣である。

つないだ船を漕いでも仕方がないとか、盛風力だの、左臂《さひ》切断だの、いろいろ、珍語も出て来る。

軒チカキ山ノ椎ノ葉吹分ケテ
颪ノ見セタル窓ノ月カナ

七力。力ノ出所七ツアリ。
腕《カヒナ》ニ二ツ。首ニ一ツ。腰ニ一ツ。息ニ一ツ。気ニ一ツ。
よく、分析している。
焼ケ、灰埋ツメハ土トナルモノヲ
何カノコトテ不転ソ憎シ
勝っても楽じゃない、と述懐している。
ある人、馬上にて前夜の夢のつづきをみる。心動かざるしるし。
掘ラヌ井ヤタマラヌ水ニ立チヨリテ
影モ形モナキ人ソ汲ム
示現流木刀定。
柄、九寸三分。身、二尺五寸二分。鞘、三尺四寸。鞘と四寸以下は、虫食いになってい
て読めない。
地獄六道。十矢折りがたし。心、意、気、識、四玉。
生ルルト見レハ生レヌ
生レヌト知レハ生レヌ心ナリ
小山田ヲ守ルトハ知ラテ立ツレトモ

イタツラナラヌカカシナリケリ

大体、こんなところである。

戦後の一時期、全盛をきわめた剣豪物が衰退したのには理由がないでもない。モラルの背景に欠けるものがあった。どっちが強いかハッキリさせせようでは殺人の理由にはならない。アメリカ映画の西部劇にさえ、弱きを助け強きをくじく、正当な理由があった。西部劇もその後マカロニウエスタンの登場で荒廃したが、正統派西部劇の衰亡とともに日本の剣豪物も逼塞《ひっそく》した。これを復活させるにはよほどの準備をととのえなければならないだろう。東郷藤兵衛も、上意討ちで点を稼《かせ》いでいたようである。〃殿様〃に気に入らない奴が出来る。殺して来いと命令される。たいした証拠もないのに、のこのこ出かけて行って殺して来る。これが、上意討ちである。これでは、まるっきりの殺し屋で、「強きを助け、弱きをくじいて」いるのであるから、東郷藤兵衛の人気がも一つパッとしなかったのも当然である。島津七十七万石、第二の大藩、尚武の国、隼人《はやと》の国などというと、いかにも殺伐に聞こえるが、実は、鹿児島人は、利口な、そして強い人間を嫌うのである。関ヶ原にしろ、負けたから意味があるのであり、西郷隆盛にしろ、負けたから慕《した》われる。私がどのように弁護しても大久保利通の人気が出ないのも、鹿児島人の人情に背《そむ》くものがあるからである。

つまり、薩摩は人情の国である。

古文書の難語には、最後まで苦しめられた。短刀の九寸五分は、九寸五部である。江戸愛宕《あたご》山は愛宿山である。打ち破るは、彼るである。

最後まで分らなかったのは、次の一節である。

「常陸国梶度大明神へ参籠明神より此流仕出し申しつけられるなり」

梶度大明神とはどこだろう。『孤雁一刀流』の調査以来、潮来《いたこ》の風情が気に入って、私はよくこの方面へ足を向ける。十回も通っただろう。梶度大明神。聞いたことがない。最後にやっと思い当たった。カジタクではない。度の字にサンズイをつけると、ワタリになる。すると、つづけてカジワタリ、ちぢめてカジタリになる。これは、香取の当て字であった。利根川をはさんで、西の香取神宮、東の鹿島神宮、ともに武神である。香取神宮に参籠したとすれば、当然である。

あれこれ、書いた。私という〝剣豪〟作家の内幕をばらした。べつに、どうということはないのである。資料も公開した。高いと思うかも知らないが、一冊買えば一生使える。鹿児島の後輩諸君、ちょっとがんばって貰わないと困るのである。

〈おことわり〉　本章には、一部差別にかかわると思われる表現がありますが、原文の意味するところの趣旨と歴史性を考慮してそのままとしました。（編集部）

宮本武蔵

藤原審爾

宮本武蔵の事跡については、真偽とりどりの説が巷間に流布している。それら諸説に対する私の見解の一端を明らかにしようと思うが、あいにく病気で入院中のため、多年、武蔵に関する取材の助手をつとめてくれた遊佐《ゆさ》京平氏に、武蔵における虚像と実像について質《ただ》してもらい、それに答えるかたちで自説を述べることとした。

生地、父母をめぐる謎

――武蔵の出生には、作州《さく》（美作《みまさか》）、播州《ばん》（播磨《はりま》）の二説があるなど、不明な部分が多いが、出生時および幼、少年時代の武蔵像について、うかがいたい。

武蔵が、作州吉野郡讃甘《さのも》村字宮本（現・岡山県英田《あいだ》郡大原町宮本）で生まれていることは、まず間違いない。生まれた年についても二説があり、『五輪書《ごりんのしょ》』の記事から逆算して、天正十二年（一五八四）三月生まれとする向きが多いが、わたしは前後の関係から天正十年説をとっている。

幼名が弁之助、そのあと武蔵（たけぞう）になる。武蔵坊弁慶にちなむものと言われる。これをこじつけだとする人もいるが、幼年期から少年期を通じて、並はずれた図体だったことから、弁慶が連想されたことは十分、納得できる。

父は、宇喜多《うきた》領竹山城主、新免伊賀守宗貫《しんめんいがのかみむねつら》の家老職にあった平田武仁《むに》である。号して無二斎と言い、剣術の達人であり、あわせて当理流《とうり》の十手術《じって》をよくした。

この無二斎は、足利将軍義昭から京都に呼ばれて、将軍家の兵法師範だった吉岡憲法《けんぽう》と試合をしている。勝負は、三本のうち二本を無二斎がとり、将軍義昭はこれを賞して、「日下無双兵術者《ひのしたならびなきひょうじゅつのもの》」を称することを許している。

祖父平田将監《しょうげん》の妻が新免氏の娘政子であり、父無二斎の妻がまた新免氏の娘於政《おまさ》という関係から、平田家もしばしば新免姓を称《とな》えており、武蔵ものちに新免武蔵を名乗っている。

吉川英治の『宮本武蔵』には登場しないが、武蔵には、天正六年生まれの次郎太夫という兄がいる。この次郎太夫も姉のおぎんも母は於政だが、武蔵の母親は、側室の率子《よしこ》である。武蔵を生んだときは、まだ十五、六歳の若さだった。この年、無二斎は五十二歳だから、ずいぶん齢がはなれているわけで、ここにも武蔵の特異な感性の秘密がある。

率子の父、つまり武蔵の母方の祖父というのは、山を越えて三里ばかり離れたところにある利神《りかん》城の城主、別所林治《しげはる》だが、天正六年に山中鹿之介《しかのすけ》に攻め込まれて、一族は四散する。別所氏も新免氏も、戦国武将の播州赤松氏の流れだから、無二斎と率子は同じ血族ということになる。そんな関係から、率子は無二斎のもとに身を寄せ、やがて側室となる。

ところが、この率子という武蔵の母親は実に大変な女で、容貌が醜怪なうえに、性格が驕慢《きようまん》ときている。まだほんの小娘のくせに、自分よりもはるかに齢上の、剣術の達人である無二斎をうとんじるところもあり、なんともひどい女だった。実際、乳呑み児の武蔵を置き去りにして、自分はさっさと利神城の麓の平福《ひらふく》村に帰るような女なのである。叔父、田住定通の養子政久の後妻におさまり、

「姿かたちはわれに似たれども、心は武仁のごとし」

と、無二斎ばかりでなく、わが子の武蔵もうとんじる薄情な母親だった。川上の中山村、岡惣次郎の妻が乳母となって、武蔵は育てられたと言われる。

こんなふうで、弁之助、武蔵《たけぞう》と言われた子どもの頃は、まことにめぐまれない孤独なものだった。心のねじけた、かたくなな性格で、人に馴染《なじ》むことも知らなかった。

生家は、三十間四方に石垣をめぐらせ、屋敷と向かい合わせに道場があった。屋敷の裏には、異母姉のおぎんが嫁いだ平尾与右衛門の家があり、弁之助は門前の小僧で、庭のケヤキの枝にキネを吊り、これを打って剣術の真似をした。欲求不満をこんなことで解消するというふうで、図体の大きい、荒っぽいだけの子どもに弁之助はなっていった。無二斎も、かなり手こずった様子がありありとしている。


――九歳のとき、カッとなった父親から手裏剣を投げつけられたりしているが、あれは当時すでに身をかわすだけの技倆が備わっていたということであろうか。

その話には裏があって、無二斎もかなり気持ちがすさんでいた。城主の新免宗貫はどうしようもない異常性格の男で、美男子をものすごく憎むところがあった。姉のおぎんと夫の平尾与右衛門は美男美女だったために、播州に追放されているが、無二斎の高弟で家老の本位田外記之助の場合には密殺を企てている。この殺害を命じられたのが、無二斎だった。

もとより、無二斎は罪もない外記之助を殺すわけにはいかないと断わったが、狂った城主は聴き入れず、無二斎は次第に追いつめられ、主命とあって承諾しないわけにはいかなくなる。困り果てた無二斎は、中務坊という坊さんの力をかりて、兵法の極意を授けるからと偽り、謀殺する。

新免宗貫は喜んだが、無二斎はこれによって家中の信用を失い、誰からも相手にされなくなってしまう。宮本村にも居づらくなって、川上村の岡屋敷に転居することになる。

この頃、弁之助か武蔵《たけぞう》かはっきりしないが、以前から無二斎に対して反抗的だった武蔵は、ますます父親が尊敬できなくなって、小憎らしい悪態をつくようになっていく。まだ九歳の子どもと言っても図体は大人に近い。ある日、ついカッとなって手もとの手裏剣を投げつけた。その手裏剣を武蔵は軽くかわしているが、そのまま家出し、それきり家へは戻らなかった。母親のところへ行ったわけだが、薄情な率子《よしこ》は、粗暴な武蔵を嫌っており、さっさと従兄に当たる正蓮庵の道林坊にあずけてしまうのである。

一方、無二斎のいらだちはひどく、その翌年、天正十八年に国を捨てることを決意し、息子の次郎太夫を連れて出奔《しゅっぽん》する。それ以前に、やはり異常性格の新免宗貫に愛想をつかして出奔した人たちがいた。それは六人衆と言われた宗貫の側近たちだった。彼らが新天地として選んだのは豊前中津《ぶぜんなかつ》で、その頃、黒田長政が如水《じょすい》の封を承《う》け継いで、人材を求めていたのである。

正蓮庵の武蔵は、道林坊にしごかれながら、人間の道を学んでいく。母親の率子《よしこ》は、武蔵が遊びに来てもあまり喜ばなかったが、連れ合いの田住政久のほうは、よく話し相手になり、いろいろ知識を授けた。こうして、武蔵の粗暴は逞《たくま》しさに変わり、剣術の力量も大きくのびていく。

十三歳になったとき、武蔵の背丈は普通の大人を上回るほどで、すでに容貌魁偉の片鱗をみせていた。この年、武蔵は平福村の佐用川原で、最初の決闘を行なっている。

当時、平福に有馬喜兵衛という博徒《ばくと》がいた。新当《しんとう》流の使い手と自称するだけに性質《たち》が悪く、村内では蛇蝎《だかつ》のごとく忌み嫌われていた。武蔵は、有馬喜兵衛の横暴にがまんがならず、あるとき文句をつけて、佐用川畔の松原で立合いとなり、一刀のもとに斬り殺している。そのまま逐電《ちくてん》しており、それから二年ばかりは、足どりがまったくわからない。丹波《たんば》、但馬《たじま》のあたりを徘徊《はいかい》していたのではなかろうか。

関ヶ原参戦説、吉岡一門との対決など

――吉川英治の小説では、武蔵は関ヶ原の合戦に参加しているが。

武蔵が関ヶ原に加わっていたとみるのが、定説になっているが、これも疑わしい。まず、足どりから眺めてみよう。

武蔵が武者修行に出たのは、十六歳の慶長二年（一五九七）である。出立に際し、家の道具、十手、くさり、やすり、家系図、証文などを姉おぎんの夫、平尾与右衛門に預けている。また、中山峠まで見送った親友の岩森彦兵衛には、枇杷《びわ》の木刀および観音の小像を与えていることなどが、『東作誌』や『宮本村古事帳』などに書かれている。

武蔵はその頃すでに、身の丈が六尺近くもあったと言われる。しかし、齢相応に精神的にも技術的にもまだ未熟であり、武蔵は、佐用神社に二振りの木刀を献納、七日間参籠して平安を祈願したり、佐用郡にある天狗岩で修行するなど、なみなみならぬ決意がうかがわれる。当初はもっぱら新免武蔵を名乗っていた。

その年、武蔵は但馬《たじま》の秋山道場を訪れて試合を挑み、一撃で秋山某を倒している。その後門弟たちに追いかけられたり、また武蔵を匿《かくま》う人がいたりで、この試合は播州から但馬にかけて、かなり有名になった事件と思われる。なぜなら、二十歳か二十一歳の頃、竜

野（兵庫県龍野市）のあたりでは、すでにひとかどの剣術使いとして優遇されているからだ。この試合は、武芸者として名をあげた武蔵の、最初の大きな手柄であると考えてよい。

父親の無二斎はその頃、黒田藩の豊前《ぶぜん》中津で道場をひらいており、武蔵の武者修行の足も九州に向かっていた。むろん、金銭の準備もおこたりなかったろうが、さしたるものではなかったはずである。腕力はあり、うぬぼれも相当なものだったが、まだまだ本格的な修行の必要を感じていたし、今いうところの反抗期をすでに過ぎている武蔵であるから、父への骨肉の情もあったかもしれない。足利将軍義昭から天下無双と称えられた無二斎は、よきアドバイザーでもあり、天正十八年（一五九〇）以来久しく会っていないので、自ずと足は九州に向かった。

こうして慶長四年（一五九九）の頃には、無二斎のいる中津に到着しており、翌年、慶長五年の関ヶ原合戦のときも、武蔵は中津におり、父とともに、大友との石垣原の合戦に出陣したとみている。無二斎は当時、黒田家の与力であったと言われており、新免伊賀守の側近だった前記の六人衆も禄を食《は》んでいたという記録がある。黒田は、関ヶ原合戦後の慶長五年十一月、北九州一円を平定した戦功によって、中津六郡十二万三千石から一躍、五十二万三千石の大大名になっている。黒田に代わって、細川忠興《ただおき》が豊前および豊後の国《くに》東《さき》郡を含めて、三十万石を給される。

無二斎は、そのまま中津で道場をやって、細川の家臣たちに剣術を教えている。細川家の弟子の中には、のちに家老となる長岡佐渡も含まれていた。無二斎の没年は定かでないが、門弟に伝授した『伝書目録』が残されており、それによると、

天下無双
宮本无二助《むにのすけ》
慶長十二年九月五日　藤原一真　花押
友岡勘十郎殿

とある。少なくとも慶長十二年まで生きていたことは間違いない。

武蔵のほうは、石垣原の合戦に参加したあと、豊前の英彦山《ひこさん》に庵《いおり》をつくって一年半ばかり、自然を相手に剣術の鍛錬にはげむ。こうして無二斎から受けついだ剣術と十手術に加え、自己流の逆二刀流と、馬手差《めてざし》（短刀）を手裏剣式に打つ技を工夫会得して、これを円明流《えんめい》と名づける。二十歳のときのことである。翌年、早春の頃に、武蔵は自分の編み出した円明流を世にひろめるために英彦山をおりて、京都に向かう。山男のような姿だったと伝えられている。

なお、豊前には、竜野の円光寺に残されているものと同じスタイルの、宮本武蔵守藤原義恒

の名による伝書目録がある。年代的にも同じであり、関ヶ原合戦のあと、九州に落ちのびたという人もいるが、その頃の時間的な動きはごくゆるやかであって、今日のはげしい動きでとらえることには賛成できない。

――京都に向かって、いよいよ吉岡一門との決闘になるが、武蔵側の『二天記』と吉岡側の記録とは、かなりの食い違いがある。

武蔵が京都に着いたのは、慶長九年（一六〇四）の早春のことで、洛外の蓮台寺野で吉岡清十郎と試合を行ない、これも一撃で倒している。門人どもが驚きあわてて、清十郎を戸板に載せて帰った。いまで言う蘇生《そせい》術をやって生き返ったが、清十郎は面目なく思ったのだろう、髪を落として坊主になった。

清十郎の弟に、なかなか腕力のある伝七郎というのがいて、武蔵に遺恨を晴らそうと試合を申し入れる。五尺あまりの木刀で立ち向かったが、武蔵はそれを奪いとってしたたかに撃ちすえ、伝七郎は即死する。重ね重ねの不首尾に納まらないのが門人たちで、今度は清十郎の子どもの又三郎を立てて、まわりからみんなで飛び道具を使って武蔵を殺そうと謀《はか》った。

これが一乗寺の決闘だが、この吉岡側に対して、前の二試合では時刻におくれていた武蔵が、今度は逆に待ちぶせをかける。機先を制して大勢の中に躍り込み、当たるを幸いなぎ倒した。こうなっては飛び道具も使えず、吉岡側は総くずれになった。映画でもここは派手に斬りまくり、子どもの又三郎も容赦なく斬り殺して、あとで僧侶たちからひんしゅくを買う場面である。

ところが事実はそうでなくて、又三郎を武蔵は斬っていない。慶長十九年（一六一四）六月二十二日に、京都の御所で能楽の会がひらかれており、この席で二代目吉岡憲法を名乗った又三郎は、警固の小者ともめごとを起こして数名を殺害し、所司代の剣豪太田忠兵衛の手にかかって横死している。そういうことを書いた記録がある。

一方、吉岡側の伝記を読むと、武蔵に負けたとは書かれていない。そして、その他の事跡についても丹念に考証した人がおり、武蔵が無敵流と号して北越奥州に鳴ったということの誤り、武蔵を越前少将忠直の家士とした誤り、二代目吉岡憲法の禁裏狼藉を慶長十八年六月二十二日の大仏殿落成祝いのときとした誤りなどを指摘している。要するに、ままよくある如き、家門を粉飾した伝書と言っていいだろうが、考えるべき問題もないわけではない。

武蔵をめぐる女性たち

――武蔵の女性関係と言えば、吉川英治の小説「お通」のイメージが決定的だが、実際はどうだったのか。武蔵の研究書には、江戸の女郎屋との関係なども書かれているが。

五体満足な男ならば、誰しもみな女をほしいと思うわけだが、女であれば誰でもいいというわけにはいかない。島原の乱のとき、武蔵は江戸の女郎屋から出征したとか書いている本もあるが、古文書にあるからといってもわたしは採《と》らない。

武蔵は風呂にもはいらず、異臭を放っていたと伝えられるが、これも武蔵独特のきびしい兵法の一つで、風呂ぎらいが本来の性格であるとは思わない。

だいたい武蔵は、すぐれた感性の持主であり、書画なども、研ぎすまされた神経と同時に、超然としたものを持ち合わせている。こういう感性は、どこも女郎屋には結びつけられないのである。女郎屋には戯作者や通人と言われるような人もよく出入りしており、武蔵が評判になると、そういう人たちが自分のレベルで記事を書いたり、あるいは女郎屋側に頼まれて書いたような、いかにも、といったところが見受けられる。

お通という女性は、吉川英治の傑作で、なかなかああは書けない。武蔵は、若い頃から諸国を広く歩いているから、女性についてもいろいろ見聞きしており、今日的に言えば、女性に関する情報量が多い。それも、単に情報量の問題だけではなしに、質的にもレベルが高い。例えば、千姫であるとか、本多忠刻《ただとき》の妹であるとか、細川ガラシャ夫人などにも接し得る階層にいたわけだから、武蔵の女性観を想定することは、なかなか厄介な問題であり、そうした意味からも、吉川英治のお通はなかなかのものである、と感心する。

武蔵の女性観はだから、いわゆる庶民的な感覚のものとも少し違ったものであることは想像に難くない。実際また、わたしが、調査した範囲でも、武蔵の恋人として浮かびあがっている人物がいるが、それは想像以上の、高い階層の女性なのである。

武蔵は京都の吉岡一門との試合についで、槍術で名高い宝蔵院を訪れて試合を行なったりしているが、そのあと翌年にはまた西下する。播州竜野《たつの》の円光寺に滞在して、直弟子だった住職や坊主たちに円明流を指南し、優遇されていた。竜野の円光寺は東大谷《ひがしおおたに》の系統で、当時は東本願寺に次ぐ格式の高い寺だった。その末寺は北は鳥取、西は岡山におよぶというたいそうな寺で、大名で言えば十万石くらいの格式に相当する。住職は代々が剣術好きで、寺内に道場をもっていたほどだが、関ヶ原合戦のあとはとりわけ治安が悪く、落ち武者が盗賊の群れをなして荒らしまわっていた。このため寺では防衛のために剣術に力を入れていたが、円光寺くらいの格式の寺で優遇されるには、並みの武芸者ではだめである。このことからも、二十四歳当時の武蔵に対する評価がどれくらいのものであったか、ほぼ推測できる。

武蔵はこの円光寺で、住職の舎弟の多田半三郎に印可状を授け、また落合忠衛門には、円明流伝書『兵道鏡』を授けている。この秘伝書は二十八項からなり、のちの『五輪書《ごりんのしょ》』の原型をなすもので注目される。剣術のうえではすでに頂上をきわめたとみることができる。しかし、依然として、宮本武蔵守藤原義恒の名で印可状や秘伝書を授けるなど、かなり気負ったところがほのみえ、精神的にはまだ若いという気がしないでもない。

この円光寺で、わたしは系図を見せてもらったが、当時の住職の娘に、曰《いわ》く付きなのがひとりいる。娘はただ女とあるだけで名前は記してないが、長女とおぼしき女の横に但《ただ》し書きが添えられ、鳥取の某寺に嫁に行ったとある。某寺というのは、鳥取の山の中の寺という。言うなれば、十万石の大名の娘が遠い山の中の農家の嫁に行ったようなもので、いかにも子細ありげだが、やはり、女に事情があった。

円光寺に武蔵が長期的に滞在していたことには記録もあることだが、これとともに、住職の娘が武蔵とわりない仲となって、子どもまでなしたという言い伝えが円光寺にはあり、子どもは娘だったということである。そうなるとさしずめ、曰く付きの長女がもっともそれらしく思われるわけだが、実は、鳥取の山の中にある某寺のほうにも昔から、円光寺から嫁を迎えたことを誇りにするとともに、剣豪の宮本武蔵といい仲だったという先祖話があるということだ。

ところで、円光寺に調査にでかける前の日に、わたしはある会でたまたま、早稲田の名物教授だった暉峻康隆《てるおかやすたか》と一緒になった。そして竜野の円光寺に行ったところ、お目にかかった当代の住職が、暉峻康隆にそっくりでおどろいたものだった。話を聞いてみると似ているわけで、住職はなんと暉峻康隆の実弟ということである。こういう奇《く》しき出会いには、しばしば不思議な機縁があるもので、武蔵と住職の長女との言い伝えがなおさら真実めいてわたしには思われたものだった。
武蔵が子をなしたという話はもうひとつ、細川家の厄介《やっかい》になっていた晩年にもある。熊本の武蔵の墓のそばに丸石の墓があるが、これが武蔵の娘の墓だとも言われている。

梅軒、小次郎との決闘

——武蔵の二刀流についてはいろいろ語られている。鎖鎌《くさりがま》の宍戸《ししど》梅軒《ばいけん》との試合では右手で手裏剣を打っているようだが。

父親の無二斎が手裏剣の達人と言われた人で、武蔵も子どもの頃から見様見真似で、自然にやり方を覚えたようなところがある。戦国時代の武芸というのは、総合武術であったから、剣術もやれば槍術もやる。組み打ちのための柔術もやる。手近に棒があれば、それが武器となり、棒術になるというふうで、投げもの、印地打《いんじうち》（石投げ）、打根《うちね》（手で投げうつ矢）や手裏剣も当然、有力な武技であった。武蔵の武芸は、いわばそうした戦国時代の流れをくむものであり、その強さも、相手に対して柔軟に対応するところに特色がある。

いわゆる手裏剣は、のちに技術的に完成されたもので、剣も打ちやすいように小型化され、種類も多い。十字、八方、車手裏剣などはさておき、刃先を掌に当てて投げ打つ、半回転打法を主とする流派、柄を持って打つ直打《じきう》ちを主とする流派とに大別できる。武蔵の手裏剣打ちは、短刀あるいは小刀の柄を握って投げ打つもので、約四分の一回転して、刃先がそのまま真っ直ぐに相手に向かう直打ちである。西洋のナイフスローイングにも柄を握って投げおろすような直打ちがあるが、武蔵の場合もこれに近いのではないかと思われる。

　武蔵は、六尺豊かの大男に似合わず、おそろしく用心深い性格で、勝負に際しては、あらゆる角度から詳細に計算し、試合のたびにまた新たな工夫を加えるというふうである。だから、短刀も手裏剣の直打ちに適当な寸法と釣り合いをあらかじめ調整しておいたものであり、常に、右手で抜きやすいように、左半前か、右後半に短刀をさしていた。つまり刀そのものの調整も武術の内なのであり、風呂へはいらないことも兵法の内といった、精妙なところが武蔵にはある。

　また駆け引きの達人でもあり、鎖鎌の宍戸梅軒との試合も、そうした総合力からひとつの成算が武蔵にはあり、それゆえ、おそろしい鎖鎌も避けなかった。梅軒の鎖鎌は、まるで妖術である。右手に鋭利な陣鎌を振りかざし、柄の末端につながる長い鎖の先の、切子に削った分銅をビュンビュン振り回しながら、じりっじりっと迫ってくる。

　一方、武蔵は、左半身の体形で左手に大刀を持ち、すいとそれを延ばした。切っ先を上にして、垂直線に構える。鎖分銅《ふんどう》の威力の圏外に位置する右手は敵には見えず、その右手は、腰の短刀の柄をしっかり握っているが、相手にはあくまでも刀でくるとしか思えない体勢である。梅軒は、刀か腕のどっちかを分銅で巻きからめようと、自信満々に迫る。武蔵はじりっじりっと退く。だが、武蔵には退くのも駆け引きの内である。

ついに、梅軒の分銅がうなりを生じて顔面に向かってくる。その瞬間を武蔵は待っていたのであり、顔をよけて分銅をかわしたとたん、ううっとうめいてよろけたのは、攻撃をしかけた梅軒のほうである。分銅の投擲《とうてき》と同時に打った武蔵の馬手差《めてざし》（右腰に差す短刀）が、梅軒の胸板を深く突きさしていた。

このように、武蔵の勝負はほとんどが、一撃で相手を倒すか、間一髪で倒すかのいずれかである。夢想流棒術の元祖と言われる夢想権之助との試合では、武蔵は楊弓の細工に使う割り木で立ち向かっているが、権之助が大木刀を真っ向から振り下ろしたところを、やはり間髪をいれずに打ち倒している。

——巌流島《がんりゅうじま》（下関市）の決闘は、離れ小島で検使の立ち合いと警固厳重のもとに華ばなしく行なわれた公開の試合であり、映画でもここは一番山場になっているが。

巌流島の決闘が行なわれたのは、慶長十七年のことだが、その一、二年前に武蔵は結核に犯され、江戸を去って飄然《ひょうぜん》と下総《しもうさ》の行徳《ぎょうとく》在に現れる。草庵を結び、そのあたりの荒蕪《こうぶ》地《ち》を開墾するのだが、そういうことがひとつの転機となったものだろう、秋の頃、近くの徳願寺に滞留していた禅僧から、心の開墾について啓示をうける。これまで、われ神仏を頼らずとまるで耳をかそうともしなかった武蔵だが、いろいろ思い悩んだすえに、形だけの開墾をやめ、禅僧の啓示にしたがって、翻然《ほんぜん》と京都に向かうのである。京都に着くと、それより妙心寺の僧堂に坐して、朝夕に老師から『碧巌録《へきがんろく》』の提唱を聴く。さらに、そうした縁からときおり沢庵《たくあん》がいた大徳寺を訪れて『臨済録《りんざい》』の提唱を聴くうち、武蔵は、兵法修行の道以外に絶対世界があることを垣間《かいま》みる。

沢庵と武蔵との関係がいつ頃にはじまり、どのように展開するのかよくわからないのだが、両者の諸国での足跡を調べると合致している部分が少なくないので、想像のうえではいろいろなことが考えられる。

その翌年、武蔵は妙心寺で十年ぶりに細川家の長岡佐渡に出会う。豊前中津の無二斎の道場に通っていた佐渡はすでに主席家老の地位にあり、たまたま主命をおびて妙心寺に参詣したものだった。

佐渡と武蔵はほとんど同い齢である。昔に返って武術を語り、よもやま話に興ずるうち、武蔵は、無敵を誇る評判の巌流佐々木小次郎が、細川家の指南役として優遇されていることを聞かされる。佐渡は若く、地位もある。公開試合をほのめかして、武蔵を挑発した。

武蔵は、結核によるからだの衰え、心の揺れを抱きながらも、自分の可能性をためす気になり、試合のとりまとめ方を改めて佐渡に依頼する。ざっとこんないきさつから、名高い巌流島の対決が実現するわけだが、この前後の事情については諸説があり、佐々木小次郎についてもいろいろ疑問がある。ここでは、特に小次郎の年齢的な問題についてふれてみよう。

佐々木小次郎というのは、越前の生まれであり、同地の剣豪富田《とだ》勢源《せいげん》の弟子と言われる。壮健無類を伝えられ、勢源の門下では誰ひとりおよぶ者がなかったところから、慢心して勢原のもとを去り、自ら一流を立てて巌流と号した。諸国を歩いて、名高い兵法者としばしば勝負を試みるが、一度も負けたことがなかった。小倉ではその無敗の兵法が認められて、細川家の指南役に取り立てられる、というのがその小伝だが、小次郎が当時十八歳というのが、なんとも合点いかない。第一に、格式高い細川家が十八歳の若者を指南役に取り立てることなどは、とうていあり得ないからである。

富永堅吾説によれば、師の勢源が美濃で行なった梅津との試合は永禄三年（一五六〇）のことであり、慶長十七年（一六一二）の巌流島の試合までには、実に五十二年の歳月のへだたりがある。そうなると、小次郎の年齢は逆に六、七十歳の高齢者でなければ道理に合わない。十八歳は二十八歳の誤りとか、四十歳前後とかの説もあるが、いずれも推測にすぎないものばかりである。

武蔵が、体力の衰えや心の迷いを振り切ってまで勝負を挑んだ相手であり、どう考えても、自分よりも若輩を選んだとは思えない。やはり、三十一歳の自分と過不足のない、ほぼ互角に勝負を競い合える人物を武蔵は選んだはずである。

ただ、世間的な評判からすると、無敵を誇る小次郎はかなりの天狗であり、慢心も感じられる。武蔵にとって細川家は、父の無二斎が中津に道場を持ち、兄の次郎太夫は家臣として三百俵を給されている。そうした関係からも、小次郎の慢心ぶりは武蔵にとっては苦々しいものであり、そうした心情が小次郎との対決の底流にあったことも考えられる。

試合の情況については、『二天記』に書かれているのが一般的に名高いが、そのほか、わたしが知るかぎりでも六冊ばかり古い記録があって、いったいどれが正しいのか判断に迷うわけである。小次郎が三尺余の長刀を用い、武蔵が木刀をもって倒したことは共通している。木刀はむろん二刀である。

手裏剣の根岸流には、刀を併用する術がある。これは左手に太刀を持ち、右手に手裏剣を構え、投擲《とうてき》した瞬間に右手を刀に添え、両腕で真っ向を打ち砕くといったものだが、実は、この動作は、武蔵が鎖鎌の宍戸梅軒を倒したときの形を応用したものと言われる。

小倉にある春山和尚が書いた武蔵の碑文には、「あるいは木戟を飛ばし」という部分がある。これは、二刀の馬手差《めてざし》に相当する木刀を手裏剣に使って、直打ちしたということにほかならない。小次郎を倒したのもこれなのであって、二刀を振りかざして戦ったわけではない。映画でよく見る二刀流は竹光だからこそ、あのような派手な動きができるわけで、真っ向を砕くときには、武蔵といえども左手の大刀に右手を添え、大上段に振りかぶって打つのである。

姫路における武蔵

――大坂の陣のあと、明石城の築城に際して、武蔵は城下の町割りを手がけている。兵庫県史などにもそう書いてあるが、これはどういうことか。

佐々木小次郎との試合のあと、武蔵は高野山を訪れ、鷲谷のある寺の離れで二か月あまりをすごしている。このように、武蔵は諸国を巡り歩いて、円明流をひろめたり、瞑想《めいそう》の日々をおくったりしているわけだが、だいたい武蔵のように一芸に秀《ひい》でた人というのは、独自な眼と物差しをもっているわけであり、城下町や寺院を見ても、並みの人間がみるのとはわけがちがう。多くを見ているから自ずと比較ができ、分類ができる。また武芸を通じ体系化のノウハウももっているわけだから、学問的な知識の蓄積になっている。実際、武蔵は武芸者であると同時に、美術的な表現者であり、ある意味では科学者でもある。

慶長十九年の大坂冬の陣のとき、武蔵は西軍の御陣場借りをして浪人隊の指揮をしたと伝えられている。ところが、大坂夏の陣のあと、武蔵は桑名の本多家にあって、本多忠政《ただまさ》の息子の忠刻《ただとき》に兵法を指南し、客臣として優遇されているのである。この忠刻のもとに千姫が嫁にきたのは、夏の陣の翌年だから、武蔵は師として何かと相談を受けたりしたことと思われる。

本多家は桑名から姫路へ移封となり、武蔵も一緒に姫路へやってくる。同じその年に、忠政の女婿《むすめむこ》の小笠原忠真が、松本から明石に移封となっている。こうして武蔵は本多家の関係から、終生の交わりを結ぶ忠真に相まみえることになる。

幕府の命令ですぐに明石の築城がはじまるが、これには岳父《がくふ》の本多忠政が縄張りを行ない、また監督を手がけている。この城下の町割りの設計に際して、絵の達者な武蔵が起用されたことは、何ら不思議はないし、むしろ、武蔵のキャラクターが、緻密な計算能力とともに合理性をもち、かつ総合的なビジョンを備えている点からしても、この人事はまことに当を得たものであると言えよう。

こうして武蔵は、その後も数年間は、姫路を拠点として、明石の小笠原家、竜野の本多政朝（忠政の次男）など播州一円を往来して、円明流をひろめる。竜野では城内で行なわれた試合により、武蔵は東軍流の使い手、三宅《みやけ》軍兵衛ほか三名を破って、それより円明流が採用されることになった。この三宅軍兵衛との試合については、姫路城内のできごととする説もあり、どっちが事実なのか、確かなことはわからない。

とにかく、この本多家とは、小笠原家も含めて武蔵は縁が深く、のちに養子の酒造之助《みきのすけ》が藩士の列に加えられ、一方、小笠原にはやはり養子の伊織《いおり》が仕官をしており、家老にまで取り立てられ、宮本の家系は幕末までつづくのである。

——武蔵は一か所に居を構えず、諸国を巡り歩いたが、仕官を求めて歩き回ったのであろうか。円明流をひろめるためだったのであろうか。

武蔵は自らを天下無双と心得ており、人からもそう認められてもいた。また、プライドも高く、仕官の口はむしろ逆指名をするようなところもある。本多家でも、小笠原家でも仕官の話がでたが、武蔵は客臣として仕えることにとどめている。そして、自分の代わりに、養子の酒造之助を本多家、伊織を小笠原家にそれぞれ送り込んでいる。考えようによっては、本多家も、小笠原家も、代用品で十分だといった皮肉さえも感じられる。

仕官に関して言えば、武蔵の狙いは、はなから将軍家にあった。しかし、将軍家には一万石で召し抱えられている柳生宗矩《むねのり》がいて、ほかにもう一人、小野忠明《ただあき》がいる。武蔵としては、何とか試合のチャンスをつかみ、これを倒して、自分が将軍家第一の指南役の席につきたかったが、そのチャンスがなかった。武蔵を将軍家の指南役にしようという推せん者もいて、仕官しようと思えばそれができそうなところまで話がすすんだが、これは、武蔵のほうから辞退をしている。宗矩の下におかれたのでは、プライドが許さないのである。

将軍家がだめなら、二番手は尾張徳川家ということになる。実際、武蔵は将軍家への仕官を断念してから、何度か名古屋を訪れている。元和年間の終わり頃、つまり三十代の半ば過ぎから四十歳前後にかけて、三年ばかり名古屋に滞在している。と言っても城下でなく、二里半ばかり離れたところの、笠寺天満宮東光院で円明流を教えながら、仕官のチャンスを待っていた。

尾張徳川家には、同じ柳生一族の兵庫助《ひょうごのすけ》がいる。いわゆる、江戸柳生に対しての尾張柳生である。これに試合を挑んで指南役の座を奪おうと、三年近くねばっているうち、みょうなことになった。ある日、城下でばったり兵庫助と出会い、両者は思わず足をとめた。

「武蔵殿とお見受けするが」

「そう言う御貴殿は兵庫助殿」

こう言って挨拶を交わしたあと、武蔵は兵庫助の屋敷に案内されて、酒を酌み交わした。ところが、この兵庫助は、一族の宗矩にすごい敵意を抱いている。柳生の本家は自分のところであって、宗矩は分家の身だというのである。将軍家の指南役の座を、実力で奪い返してやりたいが、そうもいかないと不満たらたらである。この兵庫助に、同じ立場の武蔵はすっかり同情し、蘆雁《あしかり》の絵を贈って慰めた。こんなことがあって、武蔵は兵庫助と勝負をする気持が失せてしまい、円明流の弟子たちも育ってきたところだったので、あっさり名古屋を切りあげた。

武蔵は、福岡の黒田家から仕官を望まれたことがある。五十二万石の大大名であり、出身も作州からごく近い備前である。新免家にもといた六人衆も黒田に仕えていたから、武蔵もついその気になって、仕官を決意したものだ。

ところが若殿の忠之の熱望に、思いがけない横槍がはいった。容貌魁偉な武蔵のあまりな異相に対して、重臣たちがこぞって反対したのである。これには武蔵もショックを受けたようで、以後、仕官を断念している。

武蔵は、円明流をひろめることにきわめて熱心だったと言えよう。各地に円明流が長くつづいていたことからもそれがわかる。しかし、武蔵の二刀流は評判の高いものだったが、なぜか名だたる兵法者が育たない。これは、武蔵にとっても悩みの種だったことがうかがえる。これは悲劇的でさえある。

武蔵は、何人か養子をとっている。養子として取り立てるからには、見込みのある人物なわけだが、酒造之助も伊織も、心構えの立派な武士として育ったが、兵法者ではない。印可状を授けた者は何人もいるが、兵法者として大成した人は、残念ながら一人も見あたらない。

このことはしかし、けっして武蔵の評価をそこなうものではあるまい。むしろ、二刀流で大成したのは、創始者の武蔵ひとりだけであり、他の追随をゆるさぬところがあると見るべきではないだろうか。

武蔵の歩んできた道は、あまりにもきびしいもので、印象としては行者の修行に近い。剣をもって、人間として生きるぎりぎりの姿勢を説いているところに、武蔵の〝武蔵法〟たるゆえんがあると思う。

武蔵における「死」の意味

——晩年の武蔵は初心を忘れずに、最後まで武芸者として貫きとおした。だが、仕官を断念したはずの武蔵が、最後にどうして細川家に仕えたのであろうか。

島原の乱に、武蔵は小笠原藩の軍監《ぐんかん》として参戦するが、このとき、武士でもない農民が力を合わせて戦う勇敢な姿を垣間みて、一人の人間の限界というものについて啓示《けいじ》をうける。人間はお互いに協力していかなければだめだ、人と人の協力によって、物事は成しとげられ、大きくもなると得心するのである。

島原の乱のあと、武蔵は四十年ぶりに故郷の宮本村に帰り、二か月ばかりをすごしている。昔、厄介をかけた人たちに会って礼を言ったり、先祖の墓も建てている。これは心境の変化というよりも、武蔵はこの段階でようやく、兵法を卒業したというすがすがしい気分であったと言えよう。

その翌年、思いがけなく長岡佐渡からの手紙で、細川忠利《ただとし》が武蔵に対して並々ならぬ「執心」を抱いていることを知る。若い頃から武蔵は、細川家とは由縁によって結ばれていた。忠利は文武の道にすぐれた名君である。その忠利が、すでに老境にある武蔵の仕官を望んでいるというのである。

佐渡の執拗《しつよう》な招聘《しょうへい》工作に、武蔵の気持は次第に傾いていく。そして、翌年、武蔵はようやく、熊本で骨を埋める決意をする。忠利は喜んで、知行《ちぎょう》は望みどおりに任すというのに対して、武蔵の要求は、身分は客分、十七人扶持、実米三百俵、席は大番組頭《おおばんくみがしら》というもの。禄高は低いが、名誉だけは望んだ。寛永十七年、武蔵は齢《よわい》五十九歳に達していた。

だが、忠利は健康がすぐれず、病の床につく。翌年、忠利の求めに応じて、武蔵は『兵法三十五箇条』を書いたり、達磨《だるま》を描いたりして慰めていたが、その年三月十五日、忠利は危篤《きとく》となり、同十七日逝去する。

忠利の死以来、武蔵は門をとざしてほとんど外に出なくなる。その落胆ぶりはひどかった。武蔵はなぜ、晩年になって細川家に仕える気になったか。養子の伊織は、小笠原家の家老職にあり、老後の安心を得るためでないことは明らかである。

武蔵の忠利の逝去に対するあまりにもひどいその落胆ぶりから、五十年来の剣の道から大悟した真理に基づいて、その所信を治国経世の実際に行なってみたい考えがあった、という解釈がある。果たしてそうだろうか。

武蔵の心境は、すでにそうした俗念から遠いところにあったと、わたしはみている。五十九歳にして、はじめて主君に仕えたという純粋な気持が、そのまま落胆になっていると思えてならない。

約二か月後に、阿部弥一右衛門が許可なく殉死《じゅんし》をとげ、これが問題となって、翌々年、いわゆる阿部一族の悲惨な滅亡が起こる。

この事件を、武蔵がどう眺めていたかについて、わたしはやはり考えずにいられない。もしかすると武蔵は、殉死した阿部弥一右衛門を、いたいけな子どものように羨望《せんぼう》の眼で眺めていたのではないかという気もする。

忠利の死から四年後の正保二年(一六四五)五月十三日、『独行道』を書いたのち、夜にまぎれて飄然《ひょうぜん》と霊巌堂に赴き、禅定《ぜんじょう》に入ったといわれる。

そして、六日後に、座禅を組んだままの姿で冷たくなっていたという。ここにいたるには若干のプロセスがあるが、これも殉死の一つだとわたしには思えてならない。


この作品は、一九八五年に旺文社より単行本『日本の剣豪』全五巻として、八七年に旺文社文庫、九五年に福武文庫『日本剣豪列伝』全三巻として刊行されたものに、一部加筆訂正したものです。

人物文庫

人物日本剣豪伝〈二〉

二〇〇一年四月二〇日［初版発行］

著者――童門冬二ほか

発行者――光行淳子

発行所――株式会社学陽書房

東京都千代田区飯田橋一－九－三 〒一〇二－〇〇七二

〈営業部〉電話＝〇三－三二六一－一一一一

FAX＝〇三－五二一一－三三〇〇

〈編集部〉電話＝〇三－三二六一－一一一二

振替＝〇〇一七〇－四－八四二四〇

フォーマット・デザイン――川畑博昭

印刷・製本――錦明印刷株式会社

ISBN4-313-75132-7 C0193